Gestión Del Tiempo

Dé rienda suelta a prácticas poco ortodoxas para lograr una productividad, concentración y autocontrol genuinos, descubriendo métodos efectivos para superar la procrastinación de forma permanente

Rachid de La Fuente

TABLA DE CONTENIDOS

Introducción 1

La Gestión Eficiente Del Tiempo Puede Resultar En Un Ahorro De Tiempo Significativo 5

Crear Tu Visión Ideal 40

Cómo Ocupar Su Tiempo Con Actividades Emocionantes Y Significativas 47

La Aplicación De La Gestión Del Tiempo 68

Impacto De La Prospección Telefónica En La Eficiencia De La Gestión Del Tiempo De Los Directores De Ventas. 79

¿Cuál Es La Importancia De La Gestión Del Tiempo? 87

Mejore Eficientemente Su Habilidad De Administración Del Tiempo Mediante La Práctica De Delegación Y Externalización. 96

Ventajas De La Administración Del Tiempo En Los Profesionales Autónomos Y Trabajadores Independientes 105

Determinar Tus Valores 117

Excesivo Perfeccionismo 150

Invierte En Formación Laboral 178

Introducción

A través de los tiempos, la humanidad ha perseguido el progreso en la creación, implementación y optimización de métodos para medir y aprovechar de manera más eficiente la dimensión temporal.

Desde el surgimiento del dispositivo conocido como reloj solar hasta la implementación del sistema de calendario contemporáneo, ha existido una constante inquietud por parte de los individuos, a lo largo de milenios, en cuanto a la comprensión y manejo responsable del tiempo, tanto en ámbitos laborales como personales.

Los enfoques contemporáneos de la gestión del tiempo involucran diversas estrategias para registrar meticulosamente el tiempo, a fin de auxiliar a una persona en la identificación de obstáculos que dificulten el uso eficiente del mismo.

Se promueve la elaboración de objetivos a corto y largo plazo. La expresión gestión del tiempo es igualmente válida para describir una serie de enfoques que pueden utilizarse con el fin de asistir a un individuo en la organización y priorización de las metas que deben alcanzarse.

En el presente siglo XXI, se han adoptado ampliamente diversos enfoques de gestión del tiempo, entre ellos el análisis de Pareto, el método POSEC y el timeboxing, por mencionar solo algunos. Cada enfoque presenta su propio sistema distintivo con el objetivo de ayudar al usuario a gestionar el tiempo de forma más estructurada y eficaz.

Los recursos empleados en la gestión del tiempo, pueden comprender tanto medios convencionales como digitales, tales como agendas, sistemas de organización y calendarios.

Asimismo, contemplan programas para establecer metas y estrategias concretas.

Además, se emplean diversas estrategias para dar prioridad y estructurar los objetivos, con el fin de facilitar una gestión eficiente del tiempo.

Las estrategias de gestión del tiempo también pueden asistir en la identificación y erradicación de los comportamientos que obstaculizan la utilización eficiente del tiempo.

Simultáneamente, numerosas modalidades proveen datos acerca de la evolución de prácticas nuevas y mejoradas, las cuales incrementan la eficiencia y la aptitud del individuo para alcanzar objetivos de forma consistente.

La Gestión Eficiente Del Tiempo Puede Resultar En Un Ahorro De Tiempo Significativo.

¿Posee plena confianza en sus aptitudes como profesional del marketing en línea para generar ganancias? Tiene la posibilidad de comercializar sus servicios a otras personas o emplear sus aptitudes para dirigir el tráfico hacia un sitio web que ha monetizado.

Sin importar la forma en que uno logre generar ingresos como comercializador de Internet, es imprescindible no solo poseer aptitudes destacadas en el ámbito del marketing, sino también contar con habilidades sólidas en la gestión efectiva del tiempo. ¿Por qué? La gestión efectiva del tiempo puede resultar en un ahorro significativo de tiempo.

La gestión eficiente del tiempo puede resultar en ahorro de tiempo. Resuena como una aseveración límpida y memorable, no obstante, ¿es veraz en efecto? Sí lo es. Lamentablemente, existe una amplia percepción entre los individuos que considera que la eficiente administración del tiempo no es más que una destreza provechosa.

Así es, efectivamente lo es, sin embargo, posee un potencial considerablemente mayor. Este recurso puede convertirse en una herramienta eficaz para optimizar el tiempo y generar beneficios económicos. ¿Cómo?

Un aspecto de relevancia en la gestión del tiempo es tener conocimiento acerca del modo en que se emplea el tiempo. Por ejemplo, ¿de qué manera se lleva a cabo la promoción de un sitio web para usted o un cliente bajo una tarifa acordada? ¿Envía artículos a directorios, envía sitios web a listas de directorios o participa en compras publicitarias? En caso de que sea así, se encuentra en la senda adecuada, pues está desempeñando su labor correctamente.

Sin embargo, ¿estás aprovechando al máximo tu tiempo?

Una de las numerosas adversidades inherentes a la profesión de comercializador de Internet radica en el hecho de que se desempeña en un entorno doméstico y se requiere hacer uso constante de la computadora. Existen numerosas ventajas asociadas a esta acción, no obstante, también se presentan diversas inconvenientes.

Una de esas distracciones excesivas. Cada vez que gira, existe la posibilidad de encontrar una distracción. Las posibles distracciones podrían abarcar desde una llamada recibida de un miembro de la familia, hasta un fregadero repleto de utensilios sin lavar, un sitio web atractivo encontrado en línea o juegos de ordenador.

¿Está usted eludiendo estas distracciones, resolviéndolas como un inconveniente, dominándolas o sucumbiendo a su atractivo? Si se encuentra afectado por su encanto, no está haciendo un uso óptimo de su tiempo.

No obstante, aguarde. Con anterioridad, usted mencionó que lleva a cabo diversas labores de mercadotecnia en línea a lo largo de la jornada. Indudablemente, esto es positivo, pero todavía no estás optimizando plenamente tu tiempo.

Además, si decide enviar un correo electrónico a un miembro de su familia, estará desperdiciando su tiempo. Ya sea que destines 30 segundos o tres minutos a enviar dicho correo electrónico, el tiempo será igualmente malgastado.

Cuando su horario de trabajo implica actividades adicionales, su productividad disminuye. Mediante la eliminación de las perturbaciones y la optimización de la gestión del tiempo, se puede incrementar la productividad.

Esta situación presenta ventajas; sin embargo, conviene analizarla desde una perspectiva de oportunidad. Una vez finalizada su lista de tareas pendientes con mayor celeridad, estará en condiciones de abordar otra actividad. Si usted es un usuario activo de Internet, el tiempo que ahora tiene disponible puede ser utilizado para explorar nuevas estrategias de marketing digital, así como también para dedicarse a cultivar relaciones con sus amigos y familiares.

Además de ser una manera eficiente de optimizar su tiempo, una adecuada gestión del mismo puede también generarle beneficios económicos. En efecto, puede prevenir pérdidas monetarias. Cuando un vendedor de Internet obtiene ganancias al vender su servicio o al promocionar un producto que comercializa.

Sin importar la clasificación dentro de la cual uno se encuentre, la gestión del tiempo resulta esencial para alcanzar el éxito y obtener ganancias significativas.

Mediante la eliminación de cualquier distracción y enfocándose exclusivamente en el trabajo durante las horas laborales, se logra una mayor difusión de enlaces a través de Internet y se culminan con éxito una mayor cantidad de proyectos remunerados.

En conclusión, la administración del tiempo va más allá de ser una habilidad de excelencia. Si se emplea de manera adecuada, puede constituir una herramienta eficaz para generar ingresos y optimizar el manejo del tiempo.

Una propuesta de organización del entorno de estudio para alumnos de educación secundaria

La organización del entorno laboral constituye un aspecto esencial de la gestión eficiente del tiempo para los estudiantes de educación secundaria. Un entorno laboral caótico puede resultar distractor y obstaculizar tanto la concentración como el desempeño. Además, un entorno laboral ordenado puede propiciar una mayor concentración y eficiencia en los estudiantes.

A continuación se presentan algunas recomendaciones para estructurar el entorno de trabajo destinado a los alumnos de educación secundaria:

Seleccione un entorno idóneo: Elija un entorno para su área de trabajo que sea confortable, tranquilo y con una iluminación adecuada. Procure evitar espacios con elevados niveles de ruido o distracciones visuales. En la medida de lo posible, se recomienda seleccionar un espacio que cuente con una superficie plana, ya sea una mesa u otra opción adecuada, en donde sea factible ubicar tanto tu dispositivo electrónico como tus materiales de estudio.

Realice la limpieza y despeje previamente: Antes de iniciar el proceso de orden y arreglos en su entorno laboral, resulta fundamental llevar a cabo una limpieza exhaustiva y liberar de objetos innecesarios. Deséchese cualquier objeto que ya no sea necesario o se encuentre en mal estado o deteriorado. Asegúrese de contar con el adecuado espacio para desempeñar sus labores y tener la posibilidad de moverse con total libertad.

Emplea archivadores y cajoneras: Emplea archivadores y cajoneras con el fin de almacenar y ordenar tus libros, documentos y materiales. Esta práctica te permitirá mantener tu área de trabajo en un estado organizado y facilitará la localización de los elementos que requieras.

Delimite un espacio para su equipo: Si utiliza un ordenador, una impresora o cualquier otro equipo, asegúrese de contar con un área designada exclusivamente para su uso. Este método incide en la organización de tu área de trabajo, facilitando la ubicación eficiente del equipo que requieras.

Emplea dispositivos de organización: Los dispositivos de organización pueden resultar sumamente beneficiosos en la tarea de mantener tu espacio de trabajo meticulosamente ordenado. Se podría utilizar cajas o cajoneras como medios de almacenamiento para tus suministros, bandejas para organizar tus papeles o cajas de menor tamaño destinadas a contener tus bolígrafos y lápices.

Modos de mitigar las distracciones y mejorar la efectividad del estudio

La supresión de elementos distractivos constituye una faceta crucial en la administración del tiempo y puede ser sumamente beneficioso a la hora de realizar estudios de manera eficiente. Las distracciones abarcan cualquier elemento o factor que desvíe la atención del individuo de su labor y provoque una merma en su eficiencia y productividad. Algunas de las principales fuentes de distracción engloban el uso del teléfono móvil, el acceso a las redes sociales, el consumo televisivo y el entorno ruidoso.

A continuación se presentan algunas recomendaciones con el propósito de mitigar las distracciones y lograr un estudio efectivo:

Elimina las distracciones mediante su aislamiento: Una de las estrategias más efectivas para eliminar las distracciones consiste en separarlas del entorno. En caso de que tu labor se lleve a cabo mediante la utilización de un equipo informático, te sugerimos contemplar la posibilidad de emplear un software que restrinja el acceso a las redes sociales y a cualquier página web que carezca de pertinencia para tu desempeño laboral. En caso de realizar estudios en el hogar, le sugerimos que tome en consideración el uso de auriculares con el fin de mitigar los sonidos exteriores, o bien, busque un entorno sereno y apartado para llevar a cabo sus tareas académicas.

Imponga restricciones en el uso de su teléfono móvil: El dispositivo móvil puede representar una de las principales fuentes de distracción para los estudiantes. Se sugiere la posibilidad de emplear una aplicación destinada a medir y regular el tiempo de uso en tu dispositivo móvil, o bien apagarlo durante las horas dedicadas al estudio.

Implemente un cronograma: La implementación de un cronograma para el estudio le ayudará a maximizar su eficacia y a mantener su enfoque en la tarea. Tenga en cuenta la asignación de bloques de tiempo específicos para estudiar cada día y esfuércese por mantener un alto nivel de coherencia.

Fragmenta tu labor en elementos más reducidos: Si te encuentras frente a una tarea extensa y desalentadora, sería prudente considerar la posibilidad de fragmentarla en elementos más manejables y de menor magnitud. Esta práctica te permitirá experimentar una sensación de progreso y mantener tu concentración en tus tareas laborales.

Tome pausas periódicas: Es fundamental realizar pausas periódicas durante el estudio a fin de prevenir la fatiga y la disminución de la concentración. Te recomendamos emplear el método "Pomodoro", consistente en trabajar durante 25 minutos seguidos y después tomar un descanso de 5 minutos, con el fin de mantener un ritmo constante y mejorar tu nivel de concentración. Además, tienes la opción de realizar actividades de ejercicio de baja intensidad, dar paseos o practicar la meditación durante tus períodos de descanso para contribuir a revitalizarte.

Emplea recursos de administración del tiempo: Existen diversas herramientas y aplicaciones disponibles que te pueden asistir en la gestión efectiva de tu tiempo y en la eliminación de distracciones durante el proceso de estudio. Algunas alternativas destacadas comprenden Trello, Evernote y Todoist.

Capítulo 2 - Productividad Interna

En esta sección exploraremos todas las facetas relacionadas con tu eficiencia interna. Dado que todos los elementos están contenidos en este contexto, puedes garantizar la inclusión de diversos hábitos necesarios en tu vida personal, lo cual constituirá el punto de partida que favorecerá el surgimiento de una productividad interna excepcional en tu existencia.

Para gozar de bienestar en nuestro exterior, es fundamental asegurar nuestro bienestar interior.

El principio final que concluimos en la sección anterior es que para que usted se vea bien por fuera, debemos estar bien por dentro.

Es imperativo asegurar un estado de bienestar integral en todas las áreas de nuestras vidas. Y a tal fin, el primer paso que debemos llevar a cabo es fomentar la práctica del hábito más trascendental.

El hábito más importante

Inicialmente, al recibir esta misma información de diversas personas de renombre y éxito, quienes afirmaban que el componente más crucial en mi día a día era mi rutina matinal, debo confesar que me resultó impactante y no deposité una gran cuota de confianza en sus palabras.

Honestamente, debo admitir que al principio tenía ciertas reservas respecto a la noción de que invertir en uno mismo, a través del ejercicio, el desarrollo personal y otras actividades que fortalezcan nuestra capacidad, era lo más importante. Inicialmente, tendía a valorar más el momento en que comenzabas a trabajar y a enfocar tus esfuerzos en las oportunidades relevantes para tu empresa, negocio o carrera profesional. Sin embargo, he llegado a comprender que es en estos momentos cuando se despliega nuestra energía más óptima.

Tras su implementación y sometimiento a una prueba exhaustiva durante varios días, durante los últimos años, sin lugar a dudas, esta norma ha demostrado ser la más significativa entre todas las que he desarrollado a lo largo de mi vida. Si hay algún conocimiento que pueda extraerse de este libro, eso sería. Si tan solo ejecutases esta estrategia, puedo asegurarte que tus logros serían excepcionales tanto en el ámbito personal como en el ámbito laboral. Este enfoque te brindaría la posibilidad de alcanzar una productividad sobresaliente en tu vida tanto personal como profesional.

Todo este proceso se fundamenta en un principio derivado de la teoría de los sistemas, el cual postula que "un sistema tiende a mantener su desempeño de acuerdo con su inercia inicial". A continuación, proporcionaré un ejemplo altamente ilustrativo en relación al ámbito de la nutrición. Según uno de los especialistas en nutrición y apocalipsis, existe la afirmación de que si se comienza el día consumiendo alimentos de baja calidad nutricional, es muy probable que se continúe alimentándose de manera similar a lo largo de la jornada. En la tarde o durante la hora del almuerzo, es probable que se considere la opción de ingerir alimentos más saludables. Tu psique te inducirá a pensar: 'Aunque ya he consumido alimentos poco saludables y placenteros, ¿por qué no seguir disfrutando de alimentos igualmente gratificantes?' Por consiguiente, la forma en que comiences tu día determinará tu rendimiento durante el resto de la jornada.
Y por ende, es así como se origina el reconocido proverbio que hace mención

a comenzar la jornada con un mal presagio. Si comenzamos el día con una situación adversa, como levantarnos tarde, experimentando estrés, apresurándonos y ocupándonos de múltiples tareas, es probable que el resto de nuestra jornada transcurra en circunstancias similares.

Y ¿por qué?

De acuerdo con lo que te estoy comunicando, un sistema, y en este contexto específico, nosotros mismos como seres humanos vamos a actuar de acuerdo a cómo hayamos comenzado nuestro día. Por ende, ¿qué opción más óptima tendríamos que asegurar que el comienzo del día sea altamente provechoso, es decir, sumamente productivo y el mejor inicio concebible para que podamos lograr esto? De ahí la importancia de reservar unos minutos en la mañana para comenzar el día de manera positiva y cuidar de nuestro propio bienestar. Ten presente esa premisa, ya que constituye un principio de suma trascendencia.

Si no te encuentras en un estado óptimo como individuo, tu capacidad de ser productivo se verá afectada; si no te encuentras en un estado óptimo como individuo, no podrás brindar ayuda a los demás; si no te encuentras en un estado óptimo como individuo, enfrentarás dificultades para hacer crecer tu negocio; si no te encuentras en un estado óptimo como individuo, tendrás dificultades para mantener un rendimiento satisfactorio en tu trabajo. Por lo tanto, en primer lugar, es necesario dedicar tiempo a lo más prioritario, que es nuestro propio bienestar. Una lección que he adquirido es que el tiempo que dediques a cuidar de ti mismo por las mañanas es de vital importancia. Aunque es cierto que, según la regla de oro, cuanto más tiempo inviertas en ti mismo, mejor será, sin embargo, incluso si comienzas con solo 10 o 15 minutos cada mañana, eso será más que adecuado.

¿Por qué? En vista de su importancia, le insto a que dedique tiempo en sí mismo y a comenzar el día de manera espléndida. La génesis de un día exitoso se encuentra en el previo anochecer y a continuación, me complazco en brindar un ejemplar paradigmático. Si tú, por ejemplo, pronuncias: "Ciertamente, estás en lo correcto, Julián. A partir de mañana, iniciaré una rutina de ejercicio y asistiré al gimnasio". Por lo tanto, puedes expresar mañana: "Tengo la intención de despertarme a las 4 de la mañana y asistir al gimnasio." "Cada día a partir del mañana asumiré un compromiso, abriré la inscripción y llevaré a cabo numerosas tareas. Tú realizarás lo siguiente: te acostarás con motivación y manifestarás: "Sí, hoy descansaré adecuadamente". Te acostarás en el momento indicado y dormirás durante todas las horas necesarias para descansar." Duermes de maravilla.

"Inicias tu rutina matutina a las cuatro de la mañana y posteriormente, al examinar tu guardarropa, te cuestionas: "Hace tiempo que no utilizo mi vestimenta deportiva, ¿en qué lugar la he guardado?". Entonces, emprendes una búsqueda hasta dar con ella y, una vez encontrada, te preguntas: "Ahora, ¿qué bolso de gimnasio debería llevar?", "¿Dónde se encuentra dicho bolso?". "De acuerdo, está localizada en el ático". Por lo tanto, decides subir para buscarla. Una vez allí, te percatas de que se encuentra en una bolsa llena de polvo y debes limpiarla. Posteriormente, empacas tu ropa y reflexionas: "Me vendría bien comer algo antes de dirigirme al gimnasio, ¿no crees?". Consecuentemente, te preparas un desayuno y luego consideras si el gimnasio estará abierto a esta hora. Sí, probablemente sí. Miremos en internet". Empiezas a investigar si el gimnasio se encuentra disponible en este momento. Dirígete al gimnasio y reflexiona: "Ahora bien, ¿qué tipo de ejercicio tengo planeado para el día de hoy?". Supongamos que nos enfocaremos en el desarrollo de la parte superior del cuerpo, específicamente la musculatura del pecho. Por tanto, todo está en orden y en óptimas condiciones. Me gustaría saber cuáles son los ejercicios recomendados para trabajar el pecho. ¿Dónde está el entrenador? Ah, el entrenador está ocupado. Aguardemos hasta que culmine y llevemos a cabo el ejercicio"

Has tomado conciencia y has perdido tres horas de tu tiempo.

No se debe a que la intención no haya sido positiva, sino más bien debido a que no has creado las condiciones adecuadas para que tu día siguiente comience de manera óptima. Esta es una ilustración elemental. Si hubieras dedicado tiempo durante la noche para asegurarte de tener tu ropa y maleta preparadas, planificar a qué hora comenzar tus tareas y establecer todo para la mañana siguiente, solo sería cuestión de dar inicio. Bastaría con tomar la ropa lista, preparar el desayuno y dirigirte al gimnasio. No obstante, ese no es el enfoque que empleamos ni la manera en la que actuamos. Ese es uno de los múltiples escenarios que pueden originar un comienzo poco favorable del día al no llevar a cabo actividades durante la noche.

Existe otra circunstancia que es altamente probable que la mayoría de nosotros experimentemos de manera reiterada, a saber, si nos acostamos tardíamente, si no descansamos apropiadamente y si no seguimos una rutina de sueño adecuada, al despertar nos encontraremos fatigados, somnolientos y nuestro día no comenzará de la forma deseada. No debido a una falta de voluntad, sino más bien porque no nos hemos asegurado de establecer las condiciones adecuadas para que ese día se desarrolle de manera óptima y podamos tener un desempeño exitoso a lo largo de todo nuestro recorrido. Tu agenda matutina representa el punto de partida determinante para lograr jornadas altamente productivas. Esta es la rutina y el hábito más poderoso que debes comenzar a planificar e incorporar a tu día a día. Como mencionaba anteriormente, no es imprescindible que sean un número excesivo de horas.

Un ejemplo sería que, en mi rutina matutina, dedico entre una hora y dos horas como mínimo. Al menos una hora diaria como mínimo. Durante los fines de semana, ocasionalmente encuentro tiempo para descansar, sin embargo, inicialmente lo hago todos los días. Eso es muy importante. Puedes optar por invertir un período de tiempo que oscile entre 10 y 15 minutos. Si es lo máximo que puede pagar, y es muy sencillo. Imagina lo siguiente:

Usted puede optar por iniciar el proceso de ir a la cama 10 o 15 minutos antes de su hora habitual de acostarse. Si te adelantas en despertar unos 10 o 15 minutos antes de tu hora usual, y dedicas ese tiempo exclusivamente para ti. Es crucial considerar ciertos aspectos si usted es un individuo con dependientes, como hijos o familia, y tiene un conjunto de responsabilidades con ellos.

Debes cerciorarte de que puedas ejecutar esta rutina incluso antes de que ellos se levanten. Esta cuestión reviste una importancia trascendental, ya que si te despiertas cuando tus hijos ya están despiertos y necesitan que les prepares el desayuno, los bañes, les elijas la ropa o cualquier otra tarea, esto se convierte en un factor determinante para que esta dinámica fracase.

No obstante, es imperativo tomar en consideración que es de vital importancia realizar esta rutina durante las horas en las que los demás suelen estar descansando, o en su defecto, resulta aún más beneficioso si logras que tu pareja se sume a ti. En mi caso personal, mi esposa y yo nos levantamos juntos y realizamos la rutina de manera conjunta, brindándonos apoyo mutuo. Esta situación resulta mucho más enriquecedora y divertida que si cada uno practicara por separado.

En esta rutina es necesario atender a los distintos aspectos de tu vida, entre los cuales resalto: tu intelecto, tu bienestar físico, tus emociones y tu desarrollo espiritual. Previo a eso, permíteme explicarte de qué manera la mayoría de las personas comienzan su jornada:

La mayoría de las personas comienzan su jornada diaria sintonizando las noticias. Poseo una filosofía sumamente definida en relación a la ausencia de noticias. ¿Por qué abstenerse de noticias? Debido a que representan una fuente de negatividad sumamente perjudicial. Me gustaría realizar una pausa exclusivamente para abordar este asunto.

Comprendo que las noticias son una actividad empresarial. Los noticieros y los medios de comunicación son entidades de carácter privado que persiguen el mejoramiento de su situación financiera, al igual que nosotros, que también somos empresarios y buscamos el beneficio económico en nuestra organización. Esta búsqueda de ganancia no conlleva ninguna connotación negativa. Ocurre algo de relevancia en esta materia, de hecho, se han llevado a cabo numerosos experimentos y estudios al respecto, los cuales no son difundidos en los medios de comunicación por las siguientes razones:

Existen numerosos canales de noticias que han hecho un esfuerzo por transmitir una perspectiva positiva y destacar los aspectos constructivos de la sociedad. Estos medios han observado una disminución en sus ventas, audiencia y calificaciones cuando se centran más en lo positivo. A medida que abordan temáticas relacionadas con desastres, caos, terrorismo, robos, muertes y demás sucesos, se observa un incremento en su audiencia. ¿Cuál es la razón detrás de este fenómeno?

Muchos argumentarían que como seres humanos, podríamos utilizar el término que comúnmente se emplea y que personalmente no me agrada, pero es un reflejo morboso o una manifestación de nuestro deseo por el drama, instinto que hemos observado en las tres etapas del desarrollo cerebral, a lo largo de los tres cerebros que poseemos, en su manifestación física. ¿Qué es lo que encuentra atractivo en esos eventos: los desastres, el caos y lo negativo? ¿Cuál es la razón detrás de su interés? Dado que nos genera mayor motivación a nosotros y va en contra de nuestros objetivos, lo que deseamos evitar es precisamente el aspecto negativo en detrimento del positivo.

Aquellas compañías poseen tal misión. Su objetivo principal es maximizar la audiencia, ya que a mayor número de espectadores, mayor cantidad de publicidades y mayores beneficios económicos podrán obtener. Por ende, tienden a aprovechar ampliamente los aspectos negativos para captar nuestra atención.

No resulta infrecuente que encuentres una noticia del siglo, tal como una historia sobre una madre. Si yo fuese un medio de comunicación, podría narrar una historia similar como: 'A continuación, se presenta un impactante acontecimiento en el que una madre arroja a su hijo desde el quinto piso; se invita a ver el video en exclusiva'. Planteo la siguiente interrogante: ¿Qué aspecto de valor conlleva que nos enteremos de tales incidentes?

Previo a concluir esta argumentación, me gustaría agregar que he sostenido debates con individuos que manifiestan un considerable entusiasmo por las noticias, respaldando su postura con los lemas de "estar informados" y "conocer lo que sucede en el mundo". No obstante, deseo compartir contigo una historia de suma relevancia: "

Supongamos que hay una isla desprovista de cualquier tipo de tecnología. En dicha isla no se cuenta con computadoras, televisores ni acceso a internet. Se trata de un lugar donde existe una pequeña comunidad en la que la actividad económica principal es la pesca. Disponen de un equipo de pescadores que se embarcan diariamente en labores pesqueras con el propósito de proveer alimentos para toda la comunidad. Todos llevan una vida pacífica de ese modo.

Suponga que en ocasiones muy raras, aproximadamente una vez cada década, en esa isla, emerge un tiburón cerca de la costa donde los pescadores se encuentran trabajando, lo cual genera un estado de temor comprensible ya que representa una amenaza inminente para sus vidas.

Posteriormente, los pescadores emprenden una huida ante la presencia del tiburón y, en ocasiones particulares, se han registrado trágicos incidentes en los cuales uno o dos pescadores resultan afectados de forma inesperada, sufriendo heridas ocasionadas por dicho tiburón aproximadamente cada década. Por supuesto, se genera temor entre las personas, lo cual resulta en la decisión de no salir a pescar al día siguiente. Al día siguiente, debido al temor al tiburón, evitan salir; esto se repite los días dos y tres ya que persiste el miedo al tiburón, a pesar de que es probable que ya no esté presente, aunque esto no se puede confirmar. De manera gradual, comienzan a convencerse de que es necesario salir a pescar en este momento, ya que de lo contrario se quedarán sin alimento.

Existe un pescador audaz que se aleja, se marcha, va a pescar. El resto de las personas se percatan de que no existe ningún tiburón, abandonan el área y todo recupera su normalidad. Tras transcurrir una semana, el tiburón se ha convertido en tema de conversación ocasional y, a diario, la pesca se lleva a cabo sin inconvenientes.

La comunidad se desarrolla de una manera sumamente fascinante.

Ahora considera la siguiente situación: se presenta una de estas personas inteligentes y extraordinarias provenientes de occidente, portando un televisor, una maravilla tecnológica del siglo XXI, y les comunica a todos los presentes: "Observen con atención, ahora tendrán la capacidad de mantenerse informados acerca de lo que ocurre en el resto del mundo, pues este innovador dispositivo les proporcionará imágenes de los acontecimientos en otras islas y lugares lejanos". La reacción de la gente es de interés y asombro, y colocan el televisor en un lugar común para que, en su tiempo libre, la comunidad se reúna a ver las noticias transmitidas. ¿Cuál es el resultado de esta situación?

En el globo terráqueo no solamente existe dicha isla, sino que también se hallan numerosos archipiélagos en todo el mundo; en esos conjuntos de islas, al igual que en esta mencionada, aproximadamente una vez cada década, un tiburón se aproxima a su ubicación y genera un estado de pavor entre las personas en relación a diversos aspectos. No obstante, lo que acontecerá en este preciso instante es que las personas presenciarán, a modo de ejemplo, cómo en una isla distante y en el extremo opuesto del globo hoy se ha avistado un escualo. En aquel islote, durante el transcurso de esa década, esa jornada quedó marcada por la presencia del escualo. Mañana se creará una nueva isla en otra parte del mundo, que albergará un tiburón adicional. La pregunta es:

Crear Tu Visión Ideal

Aquellas personas que carecen de una visión inspiradora, ven disminuido su entusiasmo por emprender acciones o experimentar nuevas cosas. Las personas con un fervor y vitalidad destacados a menudo son objeto de malentendidos, lo cual puede atribuirse a que aproximadamente el 80% de la población carece de dichas características. Han dejado de lado esa pasión y entusiasmo, volviéndose emocionalmente apáticos y carentes de energía.

Mantengo conversaciones diarias con individuos que se dedican de manera regular a la actividad física, siguen una dieta saludable, evitan el consumo de alcohol y, a pesar de estar en un estado físico óptimo, se quejan de su falta de energía.

Este constituye uno de los síntomas asociados a la carencia de agudeza visual. La energía generada por esta visión es completamente distinta; encarna una energía de actitud, propósito y dirección.

Además, he tenido la oportunidad de conocer a individuos que descuidan su salud física, lo cual resulta en un marcado deterioro físico y una alimentación deficiente. Sin embargo, sorprende ver cómo se mantienen activos y motivados, enfocados en sus metas y áreas de desarrollo personal, con una gran expectativa por el amanecer y empezar un nuevo día lleno de logros.

Todas las personas en la historia que han logrado algo, que han perdurado en los registros de manera positiva o negativa, lo han hecho motivados por la perspectiva que genera ese fervor.

Continúe acompañándome aquí, ya que nos embarcaremos en el proceso de explorar el núcleo del sistema en este momento. Esta sección, denominada la componente mecánica, es de hecho la más fácil de comprender y utilizar. Supongamos que representa un 20%, mientras que el restante 80% se relaciona con la actitud y el propósito que asignamos a las circunstancias.

Por lo tanto, ¿cuál es la perspectiva en cuestión? ¿Cómo se crea?

Deseo que mantengas tu enfoque en una de las áreas que has seleccionado para su inclusión en la rueda de la vida. Tomemos, por ejemplo, el ámbito profesional.

Sin embargo, este momento representa una ocasión propicia para desplegar tu creatividad y avivar ese entusiasmo. Quizás hasta el momento no hayas considerado esta perspectiva, por lo tanto, abórdala con serenidad y amabilidad hacia ti mismo.

Puede ahora empezar a concebir cuáles son sus aspiraciones para su trayectoria profesional, ya sea que trabaje de forma independiente o ejerza como ejecutivo, supervisor o directivo, y plantear cuál sería el objetivo óptimo a alcanzar. Quizás sea conveniente establecer un conjunto de individuos capacitados y entusiastas que demuestren alegría al desempeñar sus labores. O quizás que tu departamento en la empresa se distinga por su eficiencia excepcional, su continua innovación y su capacidad para alcanzar los objetivos establecidos, generando así nuevas iniciativas o soluciones. Alternativamente, uno podría esforzarse por asegurar un aumento de salario o buscar un puesto de mayor rango que ofrezca mayor prestigio y recompensas financieras en todos los aspectos.

Además, es importante destacar que al iniciar un proceso reflexivo sobre este tema, se presentan diversas alternativas que generan motivación y entusiasmo. Si acaso nunca había considerado esta posibilidad, quizás sea apropiado contemplarla en este momento. Es posible que desees que tus representantes de ventas logren un incremento del 20% en sus ventas mensuales o trimestrales, y que así puedan brindar una mayor calidad de vida tanto a ellos mismos como a sus seres queridos.

La opción más recomendable consiste en concebir un escenario ideal en lugar de limitarse a una visión limitada. Realízalo con la mayor magnitud posible, ya que las perspectivas limitadas no incitan a nadie a emprender acciones.

Soy consciente de que podrías estar considerando esto: "Alejandro, ¿cómo se relaciona esto con aumentar mi productividad?" Puedo garantizarte que absolutamente todo. Simplemente continúa a mi lado un poco más y lo comenzarás a descubrir en un futuro próximo.

Continúa reflexionando sobre la visión ideal de tus logros profesionales, sin preocuparte por la negatividad, el escepticismo o las circunstancias externas. Te insto a que plasmes todos estos pensamientos en un papel de inmediato.

No debes preocuparte aún por los medios para lograrlo, ya que alcanzar esa visión demandará un proceso continuo de mejora y formación constante, lo cual te mantendrá apartado del grupo de individuos aburridos y apáticos, y lejos de la zona de distracción. Le aseguro que no deseará dedicar tanto tiempo allí. Una vez que haya concebido las visiones de todas sus áreas, estará ansioso por ponerse en acción de inmediato y se sentirá vigorizado.

Es posible que también experimentes ciertas interrogantes e inseguridades al respecto, lo cual es positivo, dado que indica que estás despertando, que el entusiasmo está revoloteando en tu ser y que tu mente ha comenzado a buscar de forma autónoma lo que debes hacer y cómo te conducirá hacia ese punto de inspiración.

"Enhorabuena. Ahora has logrado establecer claramente tus áreas de mejora, tus responsabilidades en esos ámbitos y tu visión ideal". Seguidamente, procederé a proporcionarte una detallada explicación acerca de cómo se desarrolla el ciclo de éxito.

Cómo Ocupar Su Tiempo Con Actividades Emocionantes Y Significativas

Por lo tanto, ha iniciado recientemente un proceso de optimización del tiempo mediante la implementación de diversas estrategias y consejos, lo cual ha resultado en una recuperación sustancial de tiempo. La interrogante subsiguiente radica en cómo aprovechará el tiempo adicional obtenido.

Si el tiempo va a ser dedicado únicamente a estar frente al televisor, también se podría emplear en trabajar o en ordenar la cocina.

Por consiguiente, ¿de qué manera comienza a dedicar su tiempo a actividades significativas y estimulantes? ¿Cuál es el proceso para tejer un magnífico tapiz de memorias que reflejen una existencia plena y duradera?

Aventuras Y Exploración

Es imperativo que continúes realizando actividades nuevas y apasionantes para mantener ocupado tu tiempo. Según se mencionó previamente en la introducción de este libro, es más probable que las experiencias novedosas se capturen en la mente como recuerdos vívidos de largo plazo. Este hecho indica que ha mostrado un mayor rendimiento en un período de tiempo más reducido en comparación con las semanas y meses anteriores.

Por consiguiente, le insto a mantenerse receptivo ante un amplio abanico de oportunidades novedosas y apasionantes, y a buscar aquellos desafíos que considere dignos de su atención. Se desaconseja hacer uso de justificaciones: el factor monetario, el tiempo disponible y los niveles de energía ya no deberían ser utilizados como pretextos. Si está intentando ahorrar dinero pero no logra realizar ese viaje tan anhelado, es evidente que está evaluando incorrectamente sus prioridades.

Por favor, considere además que no se requiere realizar un desplazamiento de larga distancia ni incurrir en gastos considerables para experimentar una aventura extraordinaria. Si resides en los Estados Unidos. "Además, existen destinos impresionantes y experiencias emocionantes que se pueden disfrutar a través de viajes de corta distancia, como Alaska, Disney Land en Florida, Nueva York, Las Vegas, el Gran Cañón, Canadá y México..."

En caso de que resida en el Reino Unido o en Europa, sería recomendable considerar tomar un vuelo de corta duración, a un costo inferior al de un largo viaje en tren, para visitar destinos como los Alpes suizos, el sur de Francia, la Torre inclinada de Pisa, Londres, Roma o el pequeño desierto de Gran Canaria.

Además, es muy probable que usted encuentre actividades y lugares de interés que aún no ha tenido la oportunidad de explorar. Es probable que descubra fascinantes senderos, acogedores cafés y restaurantes desconocidos, así como museos y hermosos sitios cercanos. Con frecuencia, tendemos a dar por sentado todas las cosas que se encuentran a nuestro alcance.

¿Y cuál sería su situación con respecto a todas las actividades que podría llevar a cabo de forma gratuita y alternativa? ¿Ha realizado alguna vez un salto de bungee? ¿Parapente? ¿Bucear? ¿Sandboarding? ¿Patinaje? ¿Andar a caballo? ¿Observar las estrellas?

Aunque no es recomendable llevar una vida virtual a través de Facebook, esta plataforma puede servir como un indicador válido de si está experimentando una vida llena de aventuras en el presente. Revise detenidamente sus fotografías y reflexione sobre si estas resultan emocionantes o si se percibe una repetición constante en su enfoque artístico. Si fuera el caso más extremo, considere las posibilidades que existen para modificar la situación de manera simple y efectiva.

Otras Actividades

De igual manera, conviene considerar las demás actividades y metas que se anhelan lograr. A menudo, parece que muchos de nosotros sostienen la creencia de que nuestras alternativas al final del día se reducen únicamente a la elección entre ver televisión o retirarnos a descansar. Sin embargo, al examinar su colección personal de libros, es probable que descubra una considerable cantidad de ejemplares que aún no ha tenido la oportunidad de leer. Es muy plausible que cuente con juegos que no he tenido la oportunidad de jugar. Y cuándo fue su última experiencia participando en la dinámica de un juego de mesa en compañía de su familia? ¿Y cómo le fue en su experiencia más reciente trabajando con arcilla?

Procure recobrar ese vigor juvenil para realizar actividades creativas y singulares durante las horas nocturnas mientras se desafía a sí mismo para adquirir conocimientos, experimentar y evolucionar.

La cuestión que se plantea radica en el sistema económico del capitalismo. Aunque el capitalismo no es intrínsecamente negativo, lamentablemente incentiva a múltiples compañías a dedicar considerables recursos para persuadirnos de nuestras necesidades. Nos esforzamos arduamente por adquirir nuevos DVD, nuevos juegos y nuevas publicaciones, incluso cuando aún existen numerosas actividades pendientes que nos gustaría realizar. En consecuencia, redoblamos nuestros esfuerzos, nos autoexigimos al máximo y persistimos sin descanso, sin otorgarnos el placer de disfrutar de nuestras posesiones.

A partir de este momento, le recomendamos que procure conllevar un registro. Cuando tenga pensamientos acerca de actividades que le sean gratas, le recomendaría plasmarlos por escrito. Posteriormente, en lugar de dedicarse a contemplar la televisión durante la noche, le sugiero encarecidamente que emprenda alguna actividad de la mencionada lista.

Además, como un desafío, desearía que intentara abstenerse de ver televisión durante un periodo de una semana.

Usted quedará sorprendido por las ideas ingeniosas que descubrirá para disfrutar de la noche, y apreciará aún más su memorabilidad y gratificación.

Para numerosos alumnos universitarios, la necesidad de sostener una ocupación laboral de tiempo parcial, y en algunos casos incluso de tiempo completo, constituye una realidad adversa. No todos contamos con progenitores dotados de una inagotable provisión de recursos monetarios, y algunos optamos por adquirir nuestros propios ingresos en lugar de depender de terceros. Por lo tanto, ¿cómo lograr la conciliación laboral con las demás responsabilidades?

Indudablemente, la programación se sitúa como la máxima prioridad. Asegúrese de informar a su superior acerca de su horario académico y sostenga una conversación franca y directa con él o ella acerca de sus requerimientos de tiempo. Numerosos establecimientos laborales demuestran comprensión ante la condición del estudiante universitario que desempeña una actividad remunerada. La comunicación resulta fundamental para lograr una convivencia armoniosa tanto en el ámbito laboral como en el académico.

Las compañías de carácter familiar suelen demostrar mayor comprensión hacia los universitarios. Han demostrado una mayor disposición para colaborar con empleados que se encuentren cursando estudios a tiempo completo.

Rogamos tome en consideración la opción de buscar empleo dentro de las instalaciones del campus. Por favor, indaga en los tablones de anuncios de empleo en busca de oportunidades que se adecuen a tus requisitos horarios; o bien, te sugiero que te dirijas al departamento de recursos humanos y solicites información sobre las posiciones de trabajo disponibles en la actualidad. Existen numerosas instituciones académicas que brindan oportunidades laborales relacionadas con tu área de estudio, lo cual podría resultar de gran importancia. La oportunidad de emplearse en el campus resulta en la reducción del tiempo empleado en trasladarse a un empleo externo y mitiga el estrés asociado con la coordinación de horarios entre las clases y el trabajo externo.

Le aconsejo abstenerse de asumir un exceso de horas. Las investigaciones evidencian que los alumnos que realizan labores remuneradas durante más de 15 horas a la semana mientras cursan un horario académico completo, experimentan una mayor incidencia de tensión y corren un mayor riesgo de abandonar sus estudios a causa de dicho estrés. A pesar de la relevancia que tiene obtener ingresos para cubrir los gastos, es igualmente esencial enfocarse en el ámbito académico.

Aprovecha los tiempos muertos. Al disponer de un momento de pausa, te sugiero que revises tus fichas. Durante el intervalo destinado al almuerzo o a la cena, dedica tiempo a la lectura de un capítulo mientras disfrutas de un sándwich. Sugiero mantener una conversación con tu superior acerca de la factibilidad de aprovechar los intervalos de descanso laboral para dedicar tiempo al estudio. En caso de que estés empleado en una tienda de comestibles, te sugeriría indagar si tu superior está dispuesto a concederte la posibilidad de realizar tus estudios mientras atiendes a los clientes. Si sabes aprovechar el tiempo que se te otorga, tu capacidad para equilibrar eficazmente el trabajo y los estudios se elevará considerablemente.

Emplearse durante el periodo universitario otorga al estudiante beneficios adicionales más allá del aspecto monetario. Las tareas académicas en el ámbito universitario brindan a los estudiantes la oportunidad de colaborar con el cuerpo docente y los responsables administrativos, quienes frecuentemente ejercen como guías y mentores. Además, resulta frecuente que los estudiantes tengan la oportunidad de acceder a empleos que estén directamente vinculados con su área académica, tal como labores en laboratorios o proyectos de investigación, entre otros. Y de igual importancia, los empleos disponibles dentro del campus suelen brindar a los estudiantes la oportunidad de explorar una variedad de perspectivas profesionales. Al menos, los potenciales empleadores valoran la experiencia laboral que los estudiantes adquirieron durante su período universitario.

No dudes en informar a tus profesores de que tienes una ocupación. La gran mayoría de los docentes ha desarrollado la capacidad de ignorar las justificaciones poco válidas de los estudiantes para no completar sus asignaciones dentro del plazo establecido, no obstante, esto no implica que no estén dispuestos a realizar concesiones cuando reconocen una necesidad válida. Además, procura evitar que tus amigos perciban que estás constantemente ocupado a causa de tus responsabilidades laborales. Le sugerimos que intente hacer un espacio en su agenda para tener la posibilidad de participar en algunas de las actividades que se ofrecen.

Aunque la incorporación laboral durante el periodo universitario reviste de importancia, no es una opción apta para todos los individuos. El empleo, al igual que todas las vivencias académicas, debe ser evaluado desde una perspectiva holística. El empleo debe constituir una adición y no una barrera para las actividades académicas del estudiante. Te insto a que lo intentes; en caso de que no sea exitoso o si te enfrentas a dificultades académicas, te recomiendo que te comuniques con la autoridad académica de tu facultad. Inmediatamente!

Si encontrar empleo se vuelve excesivamente arduo, contempla alternativas adicionales para generar ingresos o realiza ajustes en tu estructura de gastos. Jamás deberías permitir que tus responsabilidades laborales sean un impedimento para lograr tu anhelo de obtener una educación universitaria. Hay muchos recursos disponibles.

Aprovéchalos. usalos, usalos a ellos Diríjase a la oficina de asistencia financiera y dialogue sobre su situación con un asesor presente en dicha instancia. Quedarás asombrado/a ante las numerosas alternativas de las que dispondrás.

Le insto a que tenga en cuenta algunos de estos otros consejos:

• Obtén un empleo de estudio y trabajo si cumples con los requisitos. El Programa de Empleo y Estudio del Gobierno Federal proporciona oportunidades laborales a aquellos que cumplan con los criterios establecidos y sean beneficiarios de asistencia financiera otorgada por el gobierno federal. En caso de que solicite y sea otorgada asistencia financiera federal, las cartas de notificación especificarán si se le considera apto para participar en el programa de trabajo-estudio, así como el límite máximo de horas que se le permitiría emplearse.

En caso de que cumplas con los criterios establecidos, tendrás la posibilidad de acudir a la oficina de asistencia financiera para solicitar las oportunidades laborales disponibles a través del programa de estudio y trabajo.

Estas ocupaciones pueden llevarse a cabo tanto dentro como fuera del campus y suelen desempeñarse en una entidad sin fines de lucro o en una institución gubernamental. Estas organizaciones a menudo brindan a los estudiantes la oportunidad de laborar con horarios altamente adaptables.

El equilibrio entre el trabajo y los estudios, así como las horas disponibles para llevar a cabo actividades laborales.

En caso de cumplir con los requisitos, se le otorga la posibilidad de dirigirse a la oficina de asistencia financiera y gestionar la solicitud de los empleos disponibles bajo el programa de estudio y trabajo.

Estas ocupaciones pueden llevarse a cabo tanto dentro como fuera del campus y suelen estar asociadas con entidades sin fines de lucro o instituciones gubernamentales. Normalmente, estas organizaciones brindan a los estudiantes la oportunidad de laborar en horarios sumamente adaptables.

• Adquiere empleo que implique recibir gratificaciones monetarias adicionales. Las ocupaciones que ofrecen salarios en conjunto con gratificaciones son las que cuentan con una mayor remuneración. En consecuencia, si tu objetivo es obtener ingresos sustanciales durante tu período universitario, te sugerimos contemplar la posibilidad de desempeñarte como personal de servicio en un establecimiento gastronómico local. Sólo ten en cuenta que los horarios de estos trabajos pueden no ser tan flexibles como los de un trabajo en el campus o un trabajo de estudio.

• Anuncia tus servicios. Si tienes habilidades en mecanografía, edición de trabajos o enseñanza particular a otros estudiantes, ¿por qué no monetizas dichas habilidades? Procede a exhibir anuncios en las instalaciones universitarias que comuniquen a los estudiantes los servicios que brindas y las tarifas correspondientes.

Independientemente de la vía que elijas para aumentar tus ingresos, procura hallar una opción que no entorpezca significativamente tus responsabilidades académicas. Si experimentas dificultades para encontrar el tiempo necesario para asistir a clases o completar tus deberes académicos, recomendaría que consideres la opción de reducir tus horas de empleo. Es importante tener en consideración que optar por consumir conservas de atún y fideos Ramen resulta más favorable en comparación con incumplir la asistencia a una clase.

Otro factor en la reducción del estrés y la maximización del tiempo es la gestión financiera eficaz. Tanto si se origina de los progenitores como si proviene de los ingresos obtenidos con dedicación personal, resulta fundamental adquirir la habilidad de gestionar los recursos económicos de forma adecuada para los alumnos universitarios.

La Aplicación De La Gestión Del Tiempo

Al examinar una extensa lista de tareas por concluir, es factible experimentar una sensación de abrumo, lo cual puede desembocar en la aparición de estrés o en la tendencia a postergar. La implementación de la metodología de Timeboxing puede ser una estrategia efectiva para optimizar la administración del tiempo diario, permitiendo así maximizar la eficiencia y minimizar la acumulación de elementos en la lista de tareas por cumplir.

Sería recomendable someterse a la prueba de los siguientes seis pasos para iniciar la organización diaria mediante la implementación del control del tiempo o técnica del timeboxing.

1. Se estableció el timeboxing para cada tarea.

¿Cuál es el tiempo de dedicación requerido para cada tarea? La correcta identificación del intervalo temporal es fundamental para alcanzar el dominio de esta técnica y está altamente influenciada por el objetivo que se desee lograr o la tarea que se aspire a llevar a cabo.

Comience por realizar una estimación del tiempo necesario para concluir cada tarea en su lista de actividades pendientes.

Adopte una perspectiva realista: en la mayoría de los casos, las tareas requieren más tiempo del que normalmente se estima, y resulta crucial reservar margen para posibles interrupciones imprevistas. Se trata de probar distintas duraciones para sus intervalos: puede ser que 15 minutos no resulten suficientes para establecer una rutina, mientras que después de 35 minutos su capacidad de concentración comienza a deteriorarse.

las pausas y los momentos de descanso

posible que desee

Conforme se analizará en el siguiente apartado dedicado a las aplicaciones, se pueden identificar diversas metodologías que enfatizan la importancia de establecer plazos concretos. Determinar el adecuado, acorde a cada situación, está sujeto a la tarea y con frecuencia se requiere explorar distintos intervalos de tiempo.

2. Establecer un temporizador

Después de haber asignado tiempo a cada tarea, establezca un cronómetro que le indique cuándo debe avanzar a la siguiente tarea y comenzar a trabajar en ella. El establecimiento de una duración temporal concreta no solo fomentará la eficiencia en el trabajo, sino que también asegurará la atención adecuada a otros proyectos de importancia.

3. Tomar un descanso

Con el fin de implementar adecuadamente esta práctica, es necesario planificar intervalos de descanso entre las franjas horarias.

Entre cada intervalo de tiempo establecido, asegúrese de reservar momentos para pausas de corta duración. Podría resultar seductor persistir en la labor durante los períodos de descanso asignados; sin embargo, apartarse brevemente por unos minutos puede contribuir a retomar las tareas con una visión renovada.

De acuerdo con la técnica empleada, resulta adecuado tomar un receso de duración variable, ya sea de 5 a 30 minutos, después de transcurridos los primeros 25 o 60 minutos de enfoque. Realizar este descanso posibilita dar continuidad a la labor con renovado vigor y entusiasmo, por lo que se recomienda evitar su omisión.

En el entorno laboral, es recomendable dedicar un lapso de 5 minutos a realizar ejercicios de estiramiento, subir y/o bajar las escaleras, hidratarse adecuadamente y entablar una conversación con un colega como medidas efectivas de descanso.

Con el fin de tomarse pausas más prolongadas, se sugiere realizar una caminata, realizar una sesión de ejercicios, practicar yoga o incluso dedicar tiempo a la meditación.

4. Enfocarse exclusivamente en una única actividad

Es necesario iniciar con la elaboración de un inventario de los objetivos deseados, determinando el tiempo estimado para llevar a cabo cada tarea, categorizándolas en función de su importancia o prioridad, y seleccionando una para comenzar.

Es fundamental comprometerse con una sola actividad, incluso si esto implica distribuir el tiempo en distintos intervalos.

Es recomendable evitar realizar múltiples tareas simultáneamente, ya que el enfoque principal debe ser aprovechar al máximo el tiempo mediante la ejecución de actividades de alta prioridad.

5. Eliminar las distracciones

La técnica del Timeboxing se caracteriza por ser libre de distracciones y, para aprovecharla eficazmente, es necesario eliminar cualquier elemento o factor que distraiga. En caso de encontrarse frente al ordenador, se recomienda cerrar el navegador, las redes sociales y cualquier otra ventana que no esté relacionada con la tarea en curso. Colocar el teléfono en modo silencio, modo vibración o apagar el dispositivo.

Tras concluir cada sesión de trabajo, resulta imperativo efectuar una revisión exhaustiva del avance alcanzado. Indagar si el trabajo ha sido concluido. En caso contrario, ¿cuál es la razón de no hacerlo? De qué forma se podría planificar y programar las tareas de manera distinta en el futuro?

6. Revisar, corregir, repetir

Al término de cada rango de tiempo fijado, o al cierre de la jornada, realiza una evaluación del avance realizado. En caso de haber concluido todas sus tareas, ¿cuáles son los conocimientos adquiridos que se pueden emplear y aprovechar en sus futuros horarios? En caso contrario, realice cuestionamientos sinceros. ¿Ha brindado el tiempo adecuado para llevar a cabo la tarea? ¿En qué lugar se ha desviado o extraviado?

Timeboxing en ágil avalancha

El marco Agile Scrum incorpora el timeboxing como elemento central en sus sprints de trabajo. Mediante la fragmentación de proyectos de envergadura en ciclos de desarrollo de brevedad, conocidos como sprints, los equipos Scrum conciben la productividad como una métrica de lograr tareas más diminutas que conforman un todo de mayor magnitud. La implementación de timeboxing facilita este proceso al establecer parámetros estrictos con respecto al tiempo asignado para tareas individuales.

Un Scrum o avalancha implica la realización de cinco eventos, y cada uno de ellos está sujeto a límites de tiempo predefinidos (timeboxed).

Sprint: un sprint es un período de tiempo de un mes o menos, en el que un equipo establece una meta y la alcanza con éxito. El uso de timeboxing permite fijar la duración de un sprint determinado y también se puede emplear para establecer límites temporales en los distintos procesos individuales durante el intervalo breve o sprint.

Planificación del lapso breve: Antes de emprender un sprint, en el contexto de la planificación, resulta imprescindible determinar con precisión las tareas que deben llevarse a cabo y la manera en que serán ejecutadas. La planificación del sprint se alcanza al determinar un intervalo temporal concreto para llevar a cabo el proceso de planificación, siendo recomendables según los especialistas 8 horas o menos para sprints de un mes, y dos horas o menos para sprints de una semana.

Reunión diaria: Todos los días durante un sprint, los equipos se congregan en una breve sesión de 15 minutos para sincronizarse con las prioridades y abordar cualquier obstáculo con el fin de alcanzar el objetivo del sprint.

Análisis del periodo breve: Al finalizar un Sprint, se lleva a cabo un análisis retrospectivo del trabajo pendiente y se proporciona retroalimentación en un proceso conocido como análisis del periodo breve. La evaluación del sprint genera un lapso de tiempo aproximadamente equivalente a la mitad de la duración de una reunión de planificación del sprint.

Revisión del sprint: una vez que se ha concluido el sprint, los integrantes del equipo de trabajo se congregan para llevar a cabo un análisis exhaustivo del proceso del sprint, reflexionando sobre las áreas que podrían ser mejoradas y deliberando sobre las modificaciones a implementar de cara al próximo sprint. Esta retrospectiva de sprint es una avalancha de tiempo de scrum, que dura aproximadamente de tres a cuatro horas por sprint de un mes, y comparte una duración similar a la revisión de sprint.

Impacto De La Prospección Telefónica En La Eficiencia De La Gestión Del Tiempo De Los Directores De Ventas.

En este contexto, resaltan dos de las áreas de interés más importantes para los directores de ventas. En su mayoría, la llamada en frío se considera la principal estrategia de generación de prospectos.

Una jornada laboral habitual implica una cantidad significativa de tiempo invertido en la búsqueda de clientes potenciales mediante enfoques directos. Numerosas entidades todavía emplean el obsoleto enfoque de planificación de actividades, mediante el cual determinan su cuota y retroceden para establecer la cantidad de llamadas en frío que se requieren efectuar. Posteriormente, se reserva un intervalo en la agenda con el propósito expreso de llevar a cabo dichas llamadas.

Los vendedores se destacan por su singularidad, ya que gran parte de sus tareas se deben llevar a cabo durante el horario comercial, momento en el que se puede concretar reuniones o contactar a los clientes potenciales de diferentes maneras. No es posible llevar a cabo llamadas no solicitadas fuera del horario comercial. Las citas deben llevarse a cabo dentro del horario laboral estipulado.

La presentación y el envío de propuestas deben llevarse a cabo en el transcurso del horario laboral. Además, las reuniones de ventas obligatorias, las sesiones de capacitación y otras actividades relacionadas con la empresa se llevan a cabo durante el horario comercial, lo que genera desafíos en la gestión del tiempo. El manejo del tiempo se convierte, por ende, en un desafío trascendental al que los vendedores deben hacer frente.

Considerando la magnitud de las tareas que un vendedor debe llevar a cabo para alcanzar el éxito, como la prospección, el seguimiento, las reuniones de ventas, la redacción de propuestas, las reuniones individuales con superiores, la capacitación requerida, la atención al cliente y las labores posteriores a la venta, en ocasiones puede resultar una tarea ardua, casi imposible. Esta afirmación adquiere mayor relevancia tras un mes de ventas sólidas, momento en el cual los desafíos en el ámbito de la atención al cliente alcanzan su punto más crítico.

Cuáles son las acciones que debe tomar un gerente de ventas ante una sobrecarga laboral?

Cuál es el significado de la prospección para la mayoría de las personas? Indisputablemente, al tomar una perspectiva más amplia y analizar el conjunto de la situación, se revela la única labor que verdaderamente ocupa la mayor parte del tiempo: efectivamente, realizar llamadas indiscriminadas con la esperanza de hallar un cliente potencial calificado.

Mi propuesta para abordar la problemática de la gestión del tiempo es la siguiente: simplemente ponerle fin o finalizarlo. Sí, le insto a que cese inmediatamente la práctica de realizar llamadas en frío.

Soy plenamente consciente de que esta opinión puede no gozar de popularidad entre una amplia mayoría de directores de ventas y profesionales experimentados en este campo, sin embargo, resulta efectiva. Este singular cambio en mi actividad comercial resultó en un rápido ascenso en mi trayectoria profesional en el área de ventas. Fui rápidamente promovido al rango de productor de mayor nivel, tanto así que mi éxito se hizo conocido entre el público.

Existen tres potenciales explicaciones para este fenómeno. En primer lugar, si está excediendo su cuota a través de llamadas en frío, es probable que esté dedicando una cantidad considerable de su tiempo precioso de trabajo. Imaginemos la posibilidad de recuperar ese tiempo y utilizarlo para establecer encuentros presenciales con clientes potenciales altamente cualificados, que se encuentren dispuestos, preparados y capaces de realizar una compra.

En segundo término, la actividad de llamada en frío prescinde de la necesidad de utilizar apalancamiento. En resumen, únicamente es posible establecer conexión con una persona de manera individual al realizar una llamada sin previo aviso. Este método se caracteriza por ser lento y poco eficiente. Imagínate cuál sería el impacto si tuvieras la capacidad de implementar sistemas que generen leads de manera automática y simultánea, mientras te encuentras fuera, cerrando contratos y recibiendo pagos.

En tercer término, las estadísticas revelan que la estrategia de llamada en frío resulta en los contactos de menor calidad entre todos los métodos de generación de contactos. La realización de llamadas no solicitadas conlleva a tasas de cierre considerablemente más bajas en comparación con un sistema de autogeneración de contactos de promoción personalizada. Si se consideran todos los factores expuestos previamente, resulta evidente que la comunicación telefónica sin previo aviso es la estrategia menos efectiva para adquirir posibles clientes y representa un obstáculo para la administración del tiempo.

Si pretende alcanzar los niveles de desempeño de los más destacados productores de élite, no obtendrá resultados utilizando estrategias de prospección telefónica en frío. Le instamos a cesar la práctica de realizar llamadas en frío y comenzar a adquirir conocimientos y habilidades en sistemas y técnicas para generar prospectos sin recurrir a esta estrategia. No solo experimentará un aumento sustancial en sus ventas, sino que también logrará resolver eficazmente sus desafíos relacionados con la gestión del tiempo.

¿Cuál Es La Importancia De La Gestión Del Tiempo?

Existe una disparidad entre llevar a cabo las tareas y ejecutarlas dentro de un lapso temporal específico. La mayoría de los individuos tienen la capacidad de cumplir con sus responsabilidades diarias, sin embargo, aquellos que presentan un alto nivel de eficacia y productividad son capaces de hacerlo en un lapso de tiempo más reducido. Esto les permite dedicarse a múltiples tareas durante el día y flexibilizar su cronograma para acomodar otras actividades de mayor relevancia.

En primer lugar, adquieren una mayor autonomía para llevar a cabo actividades que les brindan felicidad y satisfacción personal.

Esto podría ser tan sencillo como reservar un tiempo para pasear por el parque o leer un libro, visitar el mercado de agricultores locales y disfrutar de una comida preparada en casa, o dedicar tiempo a sus seres queridos y mantenerse siempre actualizado.

Considerando todos estos factores, resulta indispensable tener un adecuado manejo del tiempo. Considerando que dispones únicamente de 24 horas diarias, y debes repartirlas entre tus responsabilidades laborales y las de tu vida doméstica, resulta siempre conveniente disponer de tiempo suficiente para llevar a cabo las tareas relacionadas con el trabajo y aún contar con un margen de horas para dedicar a tu propio bienestar.

Del mismo modo, es desaconsejable centrar perpetuamente tu atención en el trabajo, pero tampoco es conveniente hacerlo exclusivamente en tus asuntos personales. Debe haber siempre un balance entre ambas facetas.

Ya sea que le otorgues o no un valor económico a tu tiempo, ello no alterará el hecho de que cada segundo posee un valor significativo. ¿Cuál es el nivel de estrés experimentado durante una semana laboral a causa de las responsabilidades y metas que deben ser cumplidas antes del fin de semana?

En la actualidad, se encuentran disponibles diversas estrategias que puedes considerar para gestionar eficientemente tu tiempo, tales como modificar tu cronograma, establecer y administrar listas de tareas pendientes, e incluso obtener distintas aplicaciones móviles. Todos estos elementos poseen utilidad y fiabilidad en distintos aspectos; no obstante, es imperativo contar con la motivación necesaria para hacer uso de ellos.

Previo a la implementación de diversas estrategias encaminadas a una mejor administración del tiempo, sería imperativo comprender el fundamento de la importancia y necesidad de dicha gestión del tiempo. A continuación, se presentan algunas de las justificaciones por las cuales se recomienda encarecidamente dedicar esfuerzo a la gestión del tiempo, tanto en el ámbito laboral como en el doméstico.

La gestión del tiempo facilita la ejecución de tareas en un período más corto y con menor esfuerzo.

Una vez que has adquirido la capacidad de gestionar eficientemente tu tiempo y utilizarlo de manera más astuta, notarás un considerable aumento en tu destreza para concentrarte en las responsabilidades que debes llevar a cabo o en cualquier actividad en la cual optes participar. Cuanto más preciso sea tu enfoque, mayor será tu eficiencia. Esta circunstancia implica que al comenzar a abordar una tarea, se adquiere una apreciable sensibilidad temporal que posibilita un abordaje ágil de las mismas, sin que dicha celeridad implique un menoscabo en la calidad de los resultados obtenidos.

El adecuado manejo del tiempo conlleva a la mejora de las habilidades de toma de decisiones.

Debido a tu comprensión de que dispones de un número limitado de horas diarias, se te instará a priorizar y planificar actividades de mayor importancia antes que cualquier otra tarea. A medida que te vuelvas más eficiente, experimentarás una mayor disponibilidad de tiempo que te permitirá tomar decisiones de manera más reflexiva y con mayor conocimiento. Esto se diferencia de las decisiones impulsivas que alguien bajo presión de tiempo podría tomar a lo largo del día.

La gestión eficiente del tiempo contribuye a mejorar el rendimiento laboral.

Con el transcurso del tiempo, también adquirirás una sensación de serenidad y dominio que te permitirá tomar decisiones más acertadas y llevar a cabo una mayor cantidad de tareas durante tu jornada laboral. Esta es la acción que te permitirá optimizar tu rendimiento y contribuir de manera más significativa en tu entorno laboral. En adición a fomentar mayores perspectivas de avance profesional, recibir reconocimiento como un empleado destacado te brindará mayores oportunidades de obtener conocimientos y habilidades adicionales.

Si demuestra ser un activo para la empresa, sus superiores considerarán una mayor inversión en su desarrollo a través de capacitaciones, educación y comprometiéndolo en varios proyectos.

La gestión del tiempo facilita la disminución del estrés.

A medida que adquieres mayor dominio sobre tu agenda, logras disminuir tus niveles de tensión, ya que no te ves sometido a restricciones temporales ni a la responsabilidad de cumplir múltiples tareas. Verdaderamente, sería beneficioso que te permitieses dedicar unos minutos de tu tiempo entre cada tarea para tomar aliento y organizar tus ideas, de modo que puedas prepararte adecuadamente para abordar las tareas que tienes por delante. Un mayor período de tiempo conlleva a una reducción del estrés y estimula la creatividad, lo cual te permitirá obtener mejores resultados en tus labores.

La habilidad de gestionar el tiempo te brinda la posibilidad de disponer de mayor tiempo de ocio

A medida que descubras métodos más efectivos para administrar tu tiempo, cada instante adquirirá una función definida, y tu propensión a postergar disminuirá considerablemente si continúas en esa dirección. Mediante esto, podrás incrementar tu nivel de productividad laboral y evitar que tus responsabilidades laborales invadan tu tiempo personal en el hogar. Se le brinda la oportunidad de contar con un mayor tiempo de ocio para dedicarlo a actividades que le generen satisfacción y bienestar. Dispones de un período adecuado para dedicarte al descanso, liberación de tensiones y actividades de esa índole.

El tiempo disponible es escaso, de modo que es aconsejable no malgastarlo bajo ninguna circunstancia.

De acuerdo a lo expuesto anteriormente, se dispone solamente de un total de 24 horas diarias, por lo tanto es imperativo aprovechar al máximo cada una de ellas. El tiempo constituye un recurso con limitaciones, por lo tanto, sería aconsejable procurar otorgar un propósito a cada instante.

Mejore Eficientemente Su Habilidad De Administración Del Tiempo Mediante La Práctica De Delegación Y Externalización.

En calidad de dueño o propietario de un negocio, usted tiene la responsabilidad de supervisar integralmente todos los aspectos operativos de su empresa, abarcando desde estrategias de mercadeo hasta la gestión de listas y la atención al cliente, entre otros ámbitos relevantes. Con el fin de obtener períodos de tiempo libre de su empresa, es fundamental adquirir habilidades en la delegación y externalización de responsabilidades a profesionales cualificados. De lo contrario, se enfrentará a una sobrecarga de trabajo constante. Los empresarios que se esfuerzan por asumir todas las responsabilidades por sí mismos, terminarán sucumbiendo ante el agotamiento y el fracaso. Cuando se trabaja ininterrumpidamente, se acaba por distraerse de la perspectiva de mejorar el negocio y aumentar la clientela. Lamentablemente, al intentar asumir todas las responsabilidades uno mismo, se corre el riesgo de perjudicar el negocio. Por lo tanto, resulta fundamental adquirir la habilidad de delegar tareas, a fin de optimizar el tiempo y dirigir la atención hacia aspectos más cruciales del emprendimiento.

Adquiriendo conocimientos en la práctica de la delegación
La adquisición de habilidades para la delegación no solo resulta sencilla, sino que además conlleva múltiples beneficios para el logro total del éxito de su empresa. El paso inicial que uno debe tomar es analizar y determinar cuáles de sus tareas diarias se pueden delegar, qué acciones se deben tomar para realizar cada tarea, el estándar esperado sobre cómo se deben abordar y completar las tareas, y quién sería el persona más adecuada para cada tarea. Es fundamental garantizar que el individuo al cual se le confiere la responsabilidad

posea las aptitudes requeridas para llevar a cabo la tarea asignada. En caso de que no las disponga, es necesario tener la perspectiva de que pueda adquirir el potencial suficiente para desarrollar las habilidades necesarias a fin de cumplir con éxito dicha tarea. Previo al inicio del proceso de delegación de tareas, se requiere plantearse las interrogantes que siguen.

¿Cuáles son las labores y acciones que puedo encomendar a otros?
Cuáles son los procedimientos requeridos para llevar a cabo la tarea?
¿Quién posee las cualificaciones más apropiadas para llevar a cabo la tarea?
¿Están en posesión de las habilidades necesarias para ejecutar la tarea de forma puntual?
¿Son capaces de asumir la responsabilidad inherente a llevar a cabo la tarea?
Cuáles son las expectativas de resultado que tengo respecto a la ejecución de la tarea?

Con el fin de lograr el éxito en la delegación, es crucial considerar cuidadosamente el proceso y dedicar el tiempo necesario para planificarlo antes de proceder. Numerosos emprendedores incurren en la equivocación de asignar labores sin previa planificación, lo cual en última instancia desembocará en un resultado adverso. En consecuencia, resulta primordial dedicar el debido tiempo a considerar detenidamente el procedimiento, establecer un plan riguroso respecto a quién se delegará la tarea y cuál es el resultado final esperado.

Otra consideración relevante de la delegación es la habilidad de tener una clara comprensión de los requisitos, el plazo establecido para la finalización del trabajo y los objetivos esperados al concluir la tarea. Si aquellos a quienes está encomendando tareas no comprenden claramente sus responsabilidades, invertirán mayor cantidad de tiempo en actividades infructuosas y, a la larga, perderán la motivación. Es de vital importancia expresarse de manera concisa y precisa al explicar las tareas, ya que esto es fundamental para alcanzar resultados exitosos.

Delegación de tareas para una más eficiente administración del tiempo
La externalización no está limitada exclusivamente a las grandes empresas. Actualmente, numerosas empresas de pequeño tamaño están utilizando el recurso de la subcontratación disponible en la actualidad con el fin de afrontar el crecimiento de su negocio y fortalecer sus competencias en la gestión del tiempo. El Outsourcing otorga la posibilidad de adquirir los servicios de profesionales capacitados para llevar a cabo labores que, bien sea porque se desconocen o porque no se cuenta con el tiempo necesario, no podrían ser completadas dentro de la organización sin incurrir en gastos adicionales relacionados con la contratación y capacitación de nuevos empleados, así como la adquisición de equipo que

pudiera requerirse para la ejecución de dichas labores.

¿Cuáles son las razones para externalizar la tarea?

El recurso humano es el gasto y el activo más valioso en su empresa. El éxito o fracaso de su negocio se determina principalmente por la cantidad de personal que emplea, sus capacidades, su impacto en los costos operativos, así como su ambición y motivación. Tener la capacidad de colocar a las personas correctas en los puestos correctos en el momento oportuno y a un costo adecuado confiere una ventaja considerable sobre la competencia.

Las innumerables ventajas de la externalización para su empresa son infinitas. Le rogamos permitirle desligarse de sus responsabilidades para que pueda enfocarse plenamente en las iniciativas que impulsarán el progreso de su empresa. Al tener la capacidad de externalizar trabajos, se elimina la obligación de investigar la forma de llevar a cabo una tarea para la cual se puede carecer de los conocimientos o habilidades necesarios para su completa ejecución. Es posible externalizar la tarea a un profesional autónomo o a una empresa especializada en una determinada área. Esta práctica no solamente disminuye la posibilidad de cometer equivocaciones onerosas, sino que además puede traducirse en una mayor optimización, una entrega más expedita y un incremento en la productividad. Además, se ha comprobado que el Outsourcing es más rentable, lo cual puede conllevar a considerables reducciones económicas y un aumento sustancial de recursos financieros para su empresa. La externalización puede conferir una ventaja competitiva al brindarle mayor tiempo para dedicarse a los aspectos más primordiales de su empresa.

Clases de labores susceptibles de ser externalizadas
Es posible externalizar una amplia gama de tareas, que abarcan desde servicios

en línea, labores administrativas, generación de contenido y gestión de nóminas, hasta cualquier aspecto en el que considere que otra persona sería más idónea para llevar a cabo. Asimismo, tiene la opción de externalizar aquellas labores y proyectos que implican una considerable demanda de personal y se repiten con frecuencia, los cuales son indispensables para el adecuado funcionamiento de su empresa. A continuación, se presentan algunas de las actividades que usted puede delegar a terceros con el fin de optimizar su tiempo y promover su productividad.

Entrada de datos
edición
Tareas de contabilidad
Gestión del presupuesto
Administración del sitio web" or "Supervisión del sitio web
Mercadeo en Internet
Correo electrónico administrativo
Procesamiento de pedidos
Departamento de atención al cliente

La externalización y la asignación de tareas constituyen un enfoque eficiente y costo-efectivo para aumentar la productividad y lograr resultados sobresalientes. Mediante la delegación y la subcontratación, es posible optimizar la administración del tiempo y aumentar la productividad de manera eficiente.

Ventajas De La Administración Del Tiempo En Los Profesionales Autónomos Y Trabajadores Independientes

Como se puede inferir, existen múltiples beneficios que pueden ser obtenidos en la entrega de servicios financieros, contables, administrativos, legales o educativos, por nombrar tan solo algunos ejemplos.

A continuación, enumeramos los diez beneficios más significativos que deriva la gestión del tiempo en los autónomos y freelancers:

1. Planificas

La planificación es un factor determinante para alcanzar el éxito en el mercado.

A través de una adecuada administración temporal, tendrás la capacidad de elaborar tus propios planes, lo cual te permitirá establecer cronogramas y presupuestos acordes a tu situación.

2. Optimizas los procesos

Si quieres mejorar los procesos que integran la prestación de tus servicios, entonces necesitas mejorar la gestión del tiempo.

En la presente era, existen numerosas tecnologías digitales que pueden asistirte. Un ejemplar sería "Trello", una herramienta que permite llevar a cabo una colaboración ordenada y remota con tus clientes, garantizando además el cumplimiento de los plazos de entrega de manera satisfactoria.

En caso de ser necesario, podrías además elaborar flujogramas de prestación de servicios y generar manuales para la prestación de servicios, dado que de esta manera tendrás la capacidad de mejorar la calidad de tu labor.

3. ¿Tienes organizado tu lugar de trabajo?

En calidad de trabajador autónomo, se le exige asumir un mayor nivel de responsabilidad en comparación con aquellos empleados en relación de dependencia.

Dentro de ese contexto, la selección del mobiliario, la adquisición del equipo informático, la compra de suministros de oficina y los aspectos relacionados con la ergonomía adquirirán una relevancia primordial.

Al adquirir habilidades de administración del tiempo, podrás llevar a cabo eficazmente dichas responsabilidades y lograr un rendimiento superior en la entrega de tus servicios.

4. Tú decides y organizas tu propio horario laboral.

¿Estarías interesado en tener la posibilidad de establecer tu propio horario y llevar a cabo tus tareas cuando poseas un mayor nivel de concentración?

Así pues, deberás exhibir tu competencia en la gestión de tiempo.

No obstante, es imprescindible que asumas la responsabilidad de seleccionar adecuadamente los horarios y jornadas laborales.

Es importante tener en cuenta que requieres de un tiempo adecuado para poder identificar a tus clientes, brindarles atención, dedicarte a sus proyectos, completarlos puntualmente y cumplir con tus metas de desarrollo profesional.

5. Evitas muchas preocupaciones

Al ser un trabajador autónomo, te libras de ciertas inquietudes habituales en los empleos tradicionales. No obstante, te ves expuesto a otras inquietudes.

La elaboración de calendarios laborales y la configuración de cronogramas resulta en cumplir con los plazos de entrega estipulados, asegurando la excelencia en la ejecución de las tareas y ganándose la confianza de los clientes. De este modo, podrás focalizarte en ofrecer una experiencia de calidad y proseguir con tu proceso de expansión.

6. Desarrollas tus habilidades

Al embarcarte en una empresa de tal envergadura, te sumerges en un proceso de aprendizaje altamente gratificante.

Debido a este motivo, la administración del tiempo adquiere importancia como una ocasión para adquirir otras destrezas fundamentales para el logro profesional y, en particular, para obtener la preferencia del mercado.

7. Incrementas la excelencia en la prestación de tus servicios

Actualmente, profesionales autónomos ofrecen servicios de gestión de redes sociales, desarrollo de sitios web, diseño gráfico, traducción, formación virtual, entre otros, enfrentándose a la competencia de compañías establecidas en el mercado.

Si formás parte de ese grupo de profesionales o si tienes intenciones de ser uno de ellos en un futuro cercano, es sumamente importante que gestiones tu tiempo de manera eficiente.

Mediante esta estrategia, lograrás mantener un control efectivo sobre tus procesos, asegurando así la excelencia en la prestación de tus servicios.

8. Cumplimentas las exigencias de tu clientela.

A medida que logres satisfacer a tus clientes, serás capaz de establecer una posición sólida en el mercado y, en consecuencia, distinguirte de tus competidores.

En la actualidad, se disponen de diversos procedimientos con el fin de asegurar estándares de calidad elevados durante la prestación del servicio, además de evaluar el grado de satisfacción de los clientes.

En caso de que tengas un sitio web, es factible que incorpores la perspectiva o testimonio de tus clientes.

En el caso de que disponga de alguna página en Facebook u otro medio similar, sería posible que los usuarios dejen allí sus valoraciones y puntuaciones. Mediante este enfoque, se generará un mayor nivel de confianza hacia tu persona que será percibido por tus futuros clientes, lo que a su vez incrementará tus posibilidades de ser contratado.

9. Obtienes credibilidad y reconocimiento

La prestación de tus servicios con alta calidad y el recibimiento de comentarios positivos por parte de tus clientes contribuirán a fortalecer tu reputación y, además, podrían propiciarte el logro de un mayor reconocimiento dentro de tu ámbito profesional.

Por esa razón, es imperativo que gestiones tu tiempo de manera eficiente y te comprometas a cumplir con los objetivos que te hayas planteado. De distinta manera, estarías poniendo en riesgo tu reputación y, por ende, la rentabilidad de tus proyectos.

10 Generas más ventas

Como emprendedor autónomo, el nivel y la magnitud de tus transacciones comerciales son factores cruciales que influyen en la prosperidad y la sostenibilidad de tu empresa.

Si has seguido todas las recomendaciones proporcionadas hasta el momento, es altamente probable que hayas experimentado un incremento notable en tus niveles de productividad, así como en otros indicadores de gestión. Particularmente, aquellos vinculados a las actividades de venta.

Determinar Tus Valores

Gestionar eficientemente el tiempo equivale a gestionar efectivamente la vida. Además, es recomendable iniciar el proceso de mejorar la eficiencia personal con un análisis exhaustivo de los valores inherentes.

Una de las leyes de Murphy establece que, previo a realizar cierta acción, exhibimos la tendencia de emprender otra tarea en su lugar.

No se logrará una gestión efectiva del tiempo a menos que se tenga un conocimiento preciso de los propios valores. Un manejo eficiente del tiempo implica ejercer control sobre una serie de acontecimientos en consonancia con aquello que reviste mayor importancia para usted. Si carece de importancia a sus ojos, su motivación y determinación para adquirir el dominio de su tiempo jamás se materializarán.

Planteemos la siguiente cuestión: "¿Cuál es el motivo detrás de mis acciones actuales?"

Además, encontramos la siguiente pregunta: "¿Cuál es la razón para despertar temprano en la mañana? ¿Cuál es la razón por la que desempeñas la labor que desempeñas? ¿Cuál es la motivación que lo lleva a desempeñarse en su actual ocupación laboral?

Significado y Propósito

Cada individuo experimenta una innata carencia de sentido y propósito en su existencia. Una de las principales causas de angustia y descontento personal es la percepción de que las acciones emprendidas carecen de propósito. Por lo tanto, no existe un propósito que se adecúe a usted y a sus principios y creencias más arraigados.

Es esencial comenzar por cuestionarse: "¿Cuál es la razón subyacente?"

Se pueden optimizar las técnicas de gestión del tiempo, no obstante, esta mejora no generará ningún beneficio si solo se enfocan en aumentar la eficiencia en la realización de tareas que carecen de sentido personal. Un mayor nivel de eficiencia únicamente generará un incremento en su sensación de alienación, frustración y ansiedad.

¿Qué valoras más?

"La interrogante subsiguiente que debe ser planteada es: "¿Cuáles son las facetas más relevantes en la existencia?

Por ende, es igualmente pertinente plantear la pregunta: "¿Cuáles son los aspectos verdaderamente significativos y representativos?" ¿Qué no representan?".

La persona experimentará felicidad y un sentido de valía únicamente al participar en las actividades diarias que se alineen con sus principios y valores. La mayoría del estrés, la tensión, la ansiedad y la frustración, tanto en la vida personal como laboral, tienen su origen en el hecho de que se realiza una acción mientras se mantiene una creencia totalmente diferente.

Existen numerosos informes acerca de ejecutivos que sufren agotamiento como consecuencia de la presión laboral. Sin embargo, aquellos individuos que encuentran pasión en su labor y dedican íntegramente su esfuerzo, debido a que esta refleja sus principios, escasamente experimentan ansiedad o agotamiento alguno.

Cuando se vive en conformidad con los valores personales, parece experimentarse una corriente ininterrumpida de energía, entusiasmo y creatividad. El estrés se origina al desempeñarse en tareas que no guardan coherencia con los principios fundamentales de una persona.

Analice meticulosamente sus valores, convicciones y creencias más profundas, y cuestiónese acerca de las modificaciones que podría llevar a cabo para lograr una mayor coherencia entre sus actividades y prioridades en la vida.

Usted es extraordinario

Es imperativo que tome consciencia y admita que es un individuo singular y extraordinario.

Los valores de esta persona han experimentado un crecimiento y evolución a lo largo de su trayectoria vital. Se han manifestado como consecuencia de múltiples influencias y experiencias. Estas personas son una parte integral de su estructura psicológica y emocional. Estas cualidades forman parte integral de su carácter y personalidad. Con el paso del tiempo, su propensión al cambio es escasa.

Su labor conlleva la tarea de identificar aquellos valores más profundos en su ser, y posteriormente estructurar su vida de manera que se encuentre viviendo y desempeñándose en sintonía con dichos valores.

Analícese a usted mismo

A continuación se presentan cuatro ejercicios de completar frases que usted puede emplear para obtener una comprensión más profunda de la verdadera esencia de la persona. Complete cada frase:

1. "Yo soy...". Si un individuo desconocido le formulara la interrogante: "¿Cuál es su verdadera identidad?", ¿cuál sería su respuesta?

¿Cuáles serían las palabras iniciales que emplearía para autodescribirse? ¿Podría proporcionar una descripción acerca de su experiencia laboral, sus atributos personales, así como sus metas, aspiraciones y anhelos?

Favor de seleccionar entre tres y cinco palabras para completar la siguiente frase: "Yo soy...".

En caso de llevarse a cabo entrevistas a las personas que le rodean, tanto aquellos que conviven como trabajan con usted, y se les formulara la misma interrogante acerca de su persona, ¿cuál cree que sería su respuesta? ¿De qué manera podrían las demás personas describirlo en relación a sus valores? ¿Serías tu auténtico yo?

A partir de su conducta y su tratamiento hacia los demás, ¿qué inferencias se podrían haber obtenido?

2. "La gente está...". Reflexione acerca de la comunidad global y las personas que

le rodean. ¿Cómo podría caracterizarse la especie humana en términos descriptivos? ¿Las personas muestran actitudes positivas, calidez y amorosidad? ¿La gente tiende a mostrar una actitud de pereza, comportamiento desviado o falta de fiabilidad?

La respuesta que dé tendrá un impacto significativo en la forma en que interactúa con otros individuos en todos los ámbitos de su existencia. Este factor tendrá un impacto determinante en el logro de sus objetivos como ejecutivo, así como en su relación con amigos y familiares.

3. "La vida es...". La respuesta brindada en este contexto podría parecer sencilla, sin embargo, encierra en sí misma toda una filosofía de vida. Las personas que gozan de buena salud y felicidad contemplan la existencia desde una perspectiva optimista, como una experiencia asombrosa que, si bien está llena de altibajos, sin lugar a dudas

constituye una gran aventura en su totalidad.

Una de las narraciones que más aprecio versa sobre un joven que acude a un renombrado filósofo de edad avanzada y expone: "El transcurrir de la existencia se presenta arduo". El filósofo contesta: "En relación a qué otra cosa?"

Según la afirmación de Helen Keller [13], la existencia representa una audaz aventura o nada en absoluto.

¿Cuál es su concepto de la vida?

4. Una de mis principales aspiraciones en la vida es... Si tuviera la oportunidad de realizar un cambio significativo en su vida, ya sea a corto o largo plazo, ¿cuál cree usted que tendría el mayor impacto positivo? Ahora, complete estas oraciones:

Mi objetivo final en mi carrera es...

- "Mi meta más grande para mi familia es...".

Estas son algunas de las interrogantes de mayor calado y relevancia que uno puede plantearse y responder internamente. Una vez que haya logrado encontrar las respuestas, lo cual inicialmente puede resultar desafiante, podría considerar cuáles serían las modificaciones necesarias para lograr una mayor coherencia entre su gestión del tiempo y las prioridades de su vida.

Napoleón Hill, un destacado autor en el campo de la literatura de autoayuda, expuso la noción de que la verdadera grandeza en la vida solo se alcanza cuando uno determina concienzudamente sus objetivos más importantes.

Cuáles son las metas prioritarias que persigue?

Capítulo 3 – Comprender los principios de la Ley de Parkinson y su aplicación en pos de ventajas personales

La ley de Parkinson postula que a medida que aumentamos la cantidad de tiempo asignado a una determinada tarea, también incrementamos el tiempo necesario para finalizarla, aún cuando hubiésemos sido capaces de concluir dicha tarea en un periodo de tiempo menor. "Este fenómeno fue observado inicialmente por Cyril Northcote Parkinson en su artículo de 1955 publicado en The Economist:

Es ampliamente reconocido que la labor tiende a extenderse hasta ocupar todo el tiempo disponible para su ejecución. De esta manera, una señora mayor con disponibilidad de tiempo puede dedicar toda la jornada a redactar y remitir una tarjeta postal a su sobrina ubicada en Bognor Regis. Empleará una hora en localizar la postal, otra en buscar las gafas, media hora en buscar la dirección, una hora y cuarto en redactarla y veinte minutos en deliberar si llevará o no un paraguas al momento de depositarla en el buzón de la calle siguiente. La energía desplegada por un individuo ocupado durante tres minutos podría agotar a alguien que ha pasado todo el día lidiando con indecisión, ansiedad y trabajo.

Este fenómeno, cuya primera observación data de 1955, ha sido corroborado por múltiples estudios científicos que confirman que las personas tienden a aprovechar el tiempo adicional otorgado para completar una tarea, aun cuando no resulta necesario. La hipótesis planteada sostiene que, si se otorga a una persona un plazo de una semana para concluir una tarea que requiere dos horas, entonces, desde una perspectiva psicológica, la tarea adquirirá progresivamente mayor complejidad, generando un mayor grado de desaliento al abarcarla en dicho plazo extendido. Tal vez no emplee el tiempo adicional en trabajar más, sino que experimente mayor estrés y tensión debido a la necesidad de completarlo. Si dedica el tiempo necesario a sus obligaciones, podrá ganar tiempo adicional, y estas responsabilidades se simplificarán y recuperarán su nivel original de complejidad.

Existen diversos enfoques para aplicar la Ley de Parkinson en su rutina diaria, lo que le permitirá realizar las tareas de su lista de pendientes de manera más eficiente y dedicar menos tiempo a parecer ocupado durante el día.

Correr contra el reloj

Le insto a dedicar un momento para confeccionar un inventario de todas sus obligaciones y, posteriormente, distribuirlas equitativamente en función del tiempo requerido para llevarlas a cabo. A continuación, asigna la mitad de ese tiempo para llevar a cabo cada tarea. Asignarse la mitad del tiempo para la finalización de las tareas conlleva a que el cumplimiento del límite de tiempo sea primordial. Es imperativo que se cerciore de manejar estos plazos reducidos con igual atención que cualquier otro, y que los vea como inalterables.

Sería beneficioso aprovechar su innato deseo de competitividad como recurso. La carrera contrarreloj impone la necesidad de superar al tiempo y de esforzarse por vencerlo como si fuese un adversario, prescindiendo de atajos y garantizando la calidad del trabajo. Este enfoque podría resultar sumamente beneficioso en caso de que encuentre dificultades para abordar sus propios plazos con seriedad.

Inicialmente, este ejercicio le ayudará a evaluar la exactitud con la que puede anticipar el tiempo necesario para finalizar una tarea. Inicialmente, algunas de las estimaciones temporales que presenta pueden ser precisas, mientras que otras pueden resultar exageradas. Cuando se trata de las tareas en las que sus estimaciones de tiempo son precisas, no logrará superar al reloj reduciendo el tiempo a la mitad, por lo tanto, le recomiendo que experimente con intervalos de tiempo más extensos. No resulta adecuado retornar a la asignación original de tiempo establecida para estas tareas, debido a que es posible que exista un intervalo más idóneo entre las mismas.

Eliminar los obstáculos que afectan la eficiencia.

Eche un vistazo a su día y determine los componentes que consumen su tiempo, tales como las plataformas de redes sociales y la correspondencia electrónica, a los cuales suele destinar aproximadamente de diez a veinte minutos. En el ámbito de la productividad, estos elementos de distracción son comúnmente denominados como "cucarachas". Estas actividades obstaculizan su progreso hacia la realización de sus metas.

En vez de destinar de 20 a 30 minutos en la mañana a la lectura de su correo electrónico, le sugiero que emplee tan solo cinco minutos. Esta afirmación es aplicable a todas las tareas que usted ha identificado como causantes de su desgaste de tiempo. Le sugiero que postergue su atención en estas tareas hasta que haya culminado exitosamente con su lista de actividades programadas para el día. Una vez haya concluido todos sus deberes, estará en libertad de emplear su tiempo en las redes sociales, revisar su correo electrónico u otras actividades a su discreción.

Este tipo de tareas se caracteriza por que el 10% de su contenido resulta relevante, mientras que el restante 90% carece de utilidad alguna. Comprometerse a aplazar la realización de estas tareas hasta que se hayan completado las responsabilidades esenciales conlleva a enfocarse en las tareas prioritarias.

Aplicar el método Pomodoro

El Método Pomodoro fue concebido por Francesco Cirillo a principios de la década de los 90 y ofrece un enfoque eficaz para contrarrestar las distracciones, promoviendo la concentración y la realización de tareas en intervalos cortos de tiempo, intercalando pausas frecuentes para el descanso y la relajación. Esta metodología de mejora de la productividad y eficiencia en la gestión del tiempo es de naturaleza sencilla. Consiste en fragmentar las tareas o proyectos voluminosos en períodos de tiempo breve y cronometrados, intercalados con pausas de descanso. La presente metodología laboral adiestra su facultad cerebral para concentrarse en intervalos breves, favoreciendo así su capacidad para cumplir con los tiempos estipulados.

El método Pomodoro es una de las técnicas más sencillas de aplicar en su rutina diaria para aumentar la productividad. Únicamente se precisa un cronómetro. Inicie seleccionando una actividad de su lista de tareas pendientes y configure el cronómetro para un período de 25 minutos. Continúe laborando en la tarea designada hasta que se active el temporizador, momento en el cual deberá tomar nota en un documento. Por favor, tómese un breve receso de aproximadamente cinco minutos, posteriormente inicie el temporizador por otros 25 minutos y continúe con su labor. Se sugiere tomar intervalos de descanso de entre 15 y 30 minutos después de cada serie de cuatro Pomodoro o tareas completadas.

Al repetir este método de laborar en intervalos de 25 minutos, intercalados con breves pausas, notará que logra llevar a cabo múltiples tareas, al tiempo que se concede los descansos esenciales para relajarse y reenergizar su mente. Resulta crucial destacar que, en caso de que por alguna eventualidad, su atención se desvíe durante la sesión de 25 minutos, es fundamental concluir el Pomodoro en ese punto, o bien, aplazar la distracción hasta que el Pomodoro llegue a su fin.

Definir Prioridades.

Ahora toca trabajar.

Todo lo que hemos discutido hasta ahora ha sido para asegurar una organización eficiente, pero en verdad, todavía tenemos que tomar cualquier acción sustantiva...

Si inicialmente discutimos la importancia de las bandejas de entrada en el manejo de la ansiedad y el estrés, seguido de una revisión de estas bandejas de entrada y el procesamiento posterior de todas las tareas en función de sus características y etiquetas, ahora deseo abordar la importancia de discernir las prioridades.

Es realmente vital definir cuáles son las prioridades para ahora mismo. Sin embargo, esta acción no puede llevarse a cabo de manera eficiente sin haber completado previamente todas las tareas previas.

Además, a fin de establecer las prioridades o determinar las próximas acciones a llevar a cabo, es imperativo realizar una revisión, aunque sea superficial, de los proyectos en los cuales hemos almacenado todas las tareas ya procesadas con anterioridad.

Realizando esta revisión de proyectos, podremos determinar cuáles son las prioridades actuales y qué acciones próximas debemos emprender.

Es crucial que se reduzcan al mínimo las acciones necesarias con el fin de evitar encontrarse nuevamente ante una lista extensa de tareas pendientes.

Es importante considerar que las tareas de alto impacto a corto plazo siguen una metodología precisa que nosotros mismos establecemos en cada circunstancia.

Según las circunstancias actuales, solo existirán necesariamente unas cuantas.

La consideración de los criterios es de suma relevancia, ya que nos permite determinar la prioridad de unas tareas sobre otras, en función de diversas cuestiones específicas que requieren tomar decisiones.

Además, estos criterios inevitablemente experimentan cambios a lo largo del tiempo, inclusive llegando a transformarse de manera radical debido a eventos específicos que se presenten.

Tomemos como ejemplo el hecho de que por la mañana es posible establecer ciertos criterios para determinar prioridades, los cuales podrían perder su pertinencia al llegar el mediodía.

La razón detrás de esto podría ser simplemente debido a una solicitud telefónica de nuestro superior, quien nos ha encomendado una serie de tareas urgentes que deben ser atendidas de forma inmediata en nuestra bandeja de entrada.

En esta perspectiva, es fundamental tener en cuenta que estos criterios utilizados para establecer prioridades suelen experimentar cambios con el tiempo. Por lo tanto, es altamente probable que los criterios iniciales que se emplearon para determinar qué tareas son consideradas las más importantes al comienzo del día, difieran al mediodía, y lo que se decidió previamente ya no sea considerado tan relevante.

Es indudable que resulta extraordinario enfrentarse a labores en las cuales los criterios se transforman de manera continua, obligándote a realizar ajustes frecuentemente.

La responsabilidad recae claramente en la dirección de las empresas, debido a una deficiente gestión de los equipos y una falta de claridad en la definición de las responsabilidades de los técnicos en sus puestos de trabajo.

Sin embargo, es claro que este aspecto nunca será percibido por ellos y se limitarán a atribuirte a ti la responsabilidad de no alcanzar los objetivos.

Y deberás manejar la situación de la forma más adecuada.

No es tu culpa.

Existe una amplia evidencia empírica que indica que una proporción significativa de los cargos de nivel intermedio carece de la adecuada preparación y formación para asumir dichas responsabilidades.

La magnitud del caos en la organización y la falta de eficiencia en las empresas resulta abrumadora.

Sin embargo, este asunto merece un enfoque separado, quizás en otro texto.

Por esta razón, resulta imperativo seleccionar un número reducido de nuevas responsabilidades con el fin de concentrarte adecuadamente en estas y completarlas de manera eficiente...

Y esto debe ser realizado antes de sufrir interrupciones y alteraciones en los planes previamente establecidos.

Es importante tener presente que de esta manera se optimiza de manera más efectiva el tiempo, lo que resulta en una mayor eficacia y productividad debido a la ausencia de distracciones.

Además, es importante destacar que al enfrentarse a una lista reducida de tareas, es inevitable experimentar menos nivel de ansiedad en comparación con la presencia de una lista abrumadoramente extensa, ¿no es así?

No tienes por qué preocuparte por haber seleccionado únicamente un reducido número de tareas prioritarias para abordar en este momento.

Aquella lista de tareas de alta prioridad puede ser rápidamente rellenada una vez que se haya completado.

Solicito su revisión adicional de todos los proyectos, esta vez siguiendo los criterios más actualizados disponibles en ese momento.

Un ejemplo de los diferentes criterios que deben tenerse en cuenta al seleccionar las tareas de un proyecto son los siguientes:

- En relación al plazo de entrega.

Debido a la proximidad con tu cliente.

Para obtener beneficios adicionales en el corto plazo

- En cuanto al tipo de actividad: lectura, correspondencia electrónica, comunicación telefónica, redacción,

- Debido a la solicitud de tu supervisor... y punto.

Además, y así sucesivamente.

No obstante, te resultará sencillo tomar una decisión debido a que en cada proyecto siempre existirá una actividad de mayor importancia que, si resuelves, permitirá que todo el proyecto continúe progresando, incluso en ocasiones de forma automática.

Esta situación suele ocurrir cuando se han asignado ciertas etapas del asunto que requerían una respuesta de tu parte.

Experimentarás una notable sensación de gratificación al observar el progreso que se logra en tus proyectos a medida que abordas gradualmente las tareas de mayor prioridad en cada uno de ellos.

No obstante, no es imprescindible seleccionar numerosas tareas de cada proyecto, ni resulta fundamental elegir tareas en todos los proyectos que estés llevando a cabo.

Permanecerás siempre en disposición de seleccionar tus prioridades en cuanto a los proyectos en los cuales deseas participar y las tareas en las que te enfocarás dentro de los mismos.

Se suele cometer ese error comentado anteriormente de hacerte una lista inmensa de tareas por hacer, sin procesar, sin analizar, con muchas tareas repetidas, etc.

Una situación caótica que únicamente provoca ansiedad.

Se trata de una situación que se presenta cuando se requiere transicionar de un proyecto a otro sin una justificación coherente, simplemente siguiendo las nuevas prioridades que van surgiendo.

La necesidad de alternar entre diferentes tipos de tareas también conlleva una significativa disminución de la concentración, debido al cambio en el enfoque cognitivo requerido.

Imagínate que tuvieras que poner en marcha maquinas diferentes por tipo de tareas.

Únicamente al activarlas y alcanzar su máxima capacidad de rendimiento se necesitaría un cierto lapso de tiempo.

Si se requiere apagar la máquina que está en uso para encender continuamente una nueva en función de la tarea actual, se resultaría en una notable disminución de la capacidad de producción y, en última instancia, en una mayor fatiga.

¿Cuál es tu opinión sobre la razón por la cual la gran mayoría de las personas que carecen de un sistema eficiente de alta productividad terminan la jornada con una fatiga mental abrumadora?

Es principalmente debido a todas estas deficiencias previamente mencionadas que pueden ser evitadas mediante la implementación del sistema que estoy describiendo en este momento.

"Mediante la implementación de un sistema de productividad adecuadamente estructurado, se puede lograr lo siguiente:

- Que la fatiga mental se reduzca considerablemente

- Que la focalización y la concentración contribuyan a finalizar las tareas con mayor celeridad y reduciendo los errores.

- Es fundamental evitar numerosas distracciones que puedan tener un impacto negativo en nuestra labor, entre otros aspectos.

Todo son ventajas.

Una vez dispongas de esa concisa enumeración de nuevas tareas prioritarias (te sugeriría no seleccionar más de 10), el orden de inicio resulta indiferente.

No se trata de que seas un autómata que deba comenzar de una u otra manera.

Realiza aquello que más deseas en un determinado momento, pero complétalo.

De esta forma, podrás progresar a lo largo del día de una manera productiva, eficiente y gratificante en relación a las tareas cumplidas.

Con este sistema desaparecen las listas interminables de tareas que no sabes por dónde empezar.

Además, se elimina la exigencia de gestionar todo de manera exhaustiva.

Progresivamente se avanza hacia el logro de tus objetivos.

Considere que no es posible abordar todas las tareas simultáneamente. En cambio, es importante enfocarse en avanzar en las áreas prioritarias en cada momento.

Y siempre habrá algo que hacer.

Las listas nunca llegarán a su fin.

Siempre habrá novedades que se recibirán en las bandejas de entrada.

No te vuelvas loco.

Simplemente selecciona y procede de acuerdo a tus objetivos y aspiraciones.

Debemos tomar decisiones constantemente sobre nuestras acciones. Siempre es necesario tomar decisiones sobre nuestras acciones. Es importante seleccionar cuidadosamente nuestras opciones en todo momento.

Siempre optarás por la opción más óptima para ti en cada ocasión.

Este sistema proporciona una eficaz y libre de estrés mejora en la gestión diaria, abarcando una amplia gama de tareas más allá de las expectativas actuales antes de su implementación.

Debe tener en cuenta que, en lugar de apresurarse y estresarse durante todo el día tratando de hacer muchas cosas, hay individuos que logran ser sumamente eficientes al ser tranquilos y enfocarse en su propio sistema de alta productividad. Estas personas analizan y reflexionan sobre lo que van a hacer antes de llevarlo a cabo.

Y, sin lugar a dudas, seleccionando como prioridad aquello que les brindará mayor valor a ellos.

Permaneciendo invariablemente con una perspectiva holística de todos sus proyectos, de su entorno, de su empresa, de su familia y de su vida.

Ellos experimentan una existencia sin tensiones y gozan de una elevada calidad de vida equilibrada, donde el fracaso en un proyecto profesional o personal no conlleva angustia, estrés o depresión en su ser.

Esto ocurre debido a que poseen otras iniciativas en las que pueden enfocarse, permitiéndoles seguir avanzando mientras se recuperan de aquel proyecto que podría no estar teniendo tanto éxito.

Excesivo Perfeccionismo

No es saludable excederse en nada, y lo mismo ocurre con el perfeccionismo. Me viene a la memoria durante mis experiencias de entrevistas laborales cuando se me solicitaba mencionar alguna de mis áreas de mejora o debilidades, y en respuesta, manifestaba que mi tendencia al perfeccionismo podía constituir una de ellas. Consideraba que esa era la opción menos desfavorable, puesto que de alguna manera implicaba mi inclinación hacia la excelencia y mi compromiso en llevar a cabo las tareas hasta su finalización.

Sin embargo, en realidad, el exceso de perfeccionismo puede conllevar:

• No poder avanzar a la siguiente tarea hasta que la primera esté completamente perfeccionada (lo cual es prácticamente inalcanzable). • No tener la posibilidad de proceder a la siguiente tarea hasta que la primera esté impecable (lo cual es extremadamente difícil de lograr). • No ser capaz de continuar con la siguiente tarea hasta que la primera se encuentre en un estado de perfección total (lo cual rara vez puede lograrse).

• Despilfarrar recursos (incluyendo mi tiempo y el de los demás, así como dinero) con el fin de alcanzar un margen de valor insignificante.

• Un generador de ansiedad, estrés y baja autoestima: La sobre exigencia puede surgir como resultado de la carencia de aprobación social o de sensación de seguridad.

• Un bloqueo por no conseguir nunca la meta. Si en ningún momento logras cumplir con tu objetivo, la adversidad puede limitar tu capacidad de acción, obstaculizando así la realización de las demás tareas. Te sentirás fracasado.

Según una antigua máxima proveniente de la cultura china, "Un diamante imperfecto supera a una piedra ordinaria en estado perfecto". Encárgate de internalizar este concepto y considera la tarea concluida cuando alcance un nivel de calidad satisfactorio, que sea aceptable y cumpla con los objetivos establecidos, aunque no llegue a la perfección. Reconozco que es un desafío, ya que personalmente experimento dificultades al determinar el momento adecuado para detenerme, cuando dejo de retocar una pintura (que al persistir demasiado en busca de la perfección, termino arruinando), cuándo renunciar a revisar este libro antes de publicarlo. Siempre habrá espacio para mejoras y perfecciones, pero si me enfrasco obsesivamente en hacer ajustes, adiciones y cambios sin cesar, nunca lograré hacerlo público (si estás leyendo esto, es porque fui capaz de detenerme a tiempo).

La dependencia de la adrenalina

La adrenalina es una hormona secretada en respuesta a situaciones de riesgo que activan nuestra respuesta de alerta fisiológica, caracterizada por el aumento de la presión sanguínea, la intensificación de los latidos cardíacos y el incremento del nivel de energía. La adrenalina juega un papel crucial en nuestra respuesta ante situaciones de emergencia, como la evitación de accidentes o el escape de animales salvajes. Sin embargo, también se produce la liberación de esta hormona en otras circunstancias, como al ver películas de terror, participar en videojuegos emocionantes o experimentar sustos inesperados.

El desencadenamiento de la adrenalina promueve un estado de exaltación y de vitalidad máxima, sucedido por una placentera sensación de relajación debido a la liberación de endorfinas. En efecto: existen individuos que experimentan adicción a dichas sensaciones, razón por la cual las generan de manera consciente a través de la participación en deportes de alto riesgo, conduciendo a una velocidad superior a la permitida, buscando confrontaciones, disfrutando de montañas rusas o bien, evitando la planificación y preparación adecuada de una tarea.

En situaciones en las que no se está debidamente preparado para realizar un examen o para hablar en público, el cuerpo humano responde mediante la generación de adrenalina, debido al estrés implicado en dichas situaciones. Numerosas individuos depositan su confianza en la idea de que el impulso adicional proporcionado por la adrenalina les permitirá superar obstáculos, aumentar su eficiencia y alcanzar su máximo potencial. Deliberadamente eligen y asumen un grado de riesgo, desencadenado por su búsqueda de placer y su percepción de una solución eficiente para lograr sus objetivos.

La monotonía y la presión diaria ocasionan que diariamente no experimentemos una liberación considerable de adrenalina, lo cual nos priva de la ocasión de experimentar ese estímulo que nos proporciona una sensación de vitalidad. No obstante, esta circunstancia no justifica exponer el cumplimiento de una tarea de alta relevancia a posibles riesgos. Como era previsible, tanto el examen como la presentación han resultado insatisfactorios debido a la falta de dedicación en su preparación y ensayo, respectivamente. No habremos completado nuestras tareas de manera satisfactoria, lo cual nos obligará a repetirlas, corregirlas o enfrentar sentimientos de fracaso y tristeza durante el resto del día.

En caso de que requieras una mayor estimulación emocional, te sugiero recurrir a medios convencionales como las instalaciones de entretenimiento en parques temáticos o la visualización de películas de género de terror, en lugar de descuidar tus responsabilidades.

PROCRASTINACIÓN

Se trata de un término desfavorablemente connotado (a mi parecer) proveniente del idioma inglés que se traduce como "procrastination". Consiste en aplazar repetidamente algo en forma constante. Aplazar constantemente las tareas es, tal y como hemos señalado en la introducción del libro, una forma de evasión. No llevo a cabo esa tarea en particular, sin embargo, dedico mi tiempo a otras numerosas actividades para mantenerme ocupado, de manera que pueda transmitir la impresión de que no tengo tiempo para realizar dicha tarea que continúo posponiendo repetidamente.

Es importante tener en consideración que si bien una tarea ha sido clasificada como no urgente, llegará un momento en el que se convertirá en urgente. La tarea no se eliminará meramente por ignorarla o posponerla de manera constante.

Es posible que estés incurriendo en la procrastinación de manera deliberada, sin embargo, lo típico será que lo hagas de manera inadvertida y es necesario que adquieras la capacidad de identificarlo. Si lo estás llevando a cabo...

No estás progresando en tu tarea, te distraes con frecuencia y debes reiniciar repetidamente.

• Emplea tu tiempo de manera ineficiente al realizar descansos o interrupciones superfluas, tales como tomar pausas para ir al baño, buscar agua o estirar las piernas poco después de comenzar una tarea.

• Permaneces con una tarea sin terminar durante un prolongado período de tiempo. • Sostienes una misma tarea sin concluir por un extenso lapso. • Conservas una tarea en estado pendiente por un largo tiempo.

• Si se te inquieta o incomoda cuando alguien te cuestiona si ya has concluido o iniciado la tarea.

En caso de que experimentes esta situación, es una reacción habitual y no es necesario inquietarse. Siempre existen ocupaciones que nos generan una mayor aversión que otras debido a diferentes razones, o nos inquieta enfrentarlas porque percibimos falta de preparación, entre otros motivos. No obstante, aplazarlas de manera repetida resulta aún más perjudicial, pues persistirán molestando y seguiremos encontrándolas una y otra vez en nuestro registro de fechas o planificación. Es más recomendable invertir un mínimo esfuerzo y deshacerse de esa situación lo antes posible.

La situación es análoga a contar con una presencia indeseable en su plato, aunque sea necesario consumirla. A mis hijos les ocurre cuando les sirvo verduras o ensaladas. Les sugiero consumirla lo más pronto posible, sin consideraciones, a fin de deshacerse de ella y evitar su presencia posterior. De este modo se concluye con el sufrimiento y podrán deleitarse con el resto de comidas que sí son de su agrado.

Si deseas utilizar algún método para evitar la procrastinación, permíteme compartir contigo un par que personalmente utilizo en el caso de las verduras con mis hijos:

• En caso de que la tarea resulte ser de dimensiones considerables, le sugiero que la subdivida en componentes más reducidos y proceda a realizarla gradualmente: Me permito recomendar que incorporen la ingesta de vegetales en cada bocado de carne.

• Reflexione acerca de las implicaciones de no completar la tarea: En el caso de no consumir la verdura, procederé a volver a servirla al día siguiente, y en una porción duplicada.

• Establezca una incentivo o gratificación: Si consumen la verdura, se les concederá un postre.

LO INESPERADO

La existencia humana se caracteriza por sucesos imprevistos que conforman la realidad. Aunque puedas inferir la posibilidad de un evento, en ocasiones ello puede acarrear consecuencias aún más graves. Mi abuelo solía pronunciar la siguiente frase: "Es posible que no todo sea". Y es verdad. La existencia es un conjunto impredecible de eventos y no todos ellos son favorables. Continuamente se presenta alguna circunstancia que escapa a nuestra influencia. Considera esto como una certeza absoluta y tenlo en cuenta, como si fuera una tarea adicional. Permítame explicármelo, no tiene por qué preocuparse.

Suponga que ha organizado meticulosamente todas sus tareas y subtareas como lo he descrito, ubicándolas secuencialmente en el calendario y asignando duraciones estimadas a cada una. Pues bien. Es posible que no puedas cumplirlos debido a circunstancias imprevistas que no habías anticipado: un fallo en la conexión a internet, una enfermedad repentina, la necesidad de acudir al hospital debido a un problema en una persona allegada, una reunión sorpresa e ineludible, la destrucción de documentos importantes por parte de tu perro y la necesidad de volver a elaborarlos, el bloqueo de carreteras debido a una nevada, o el deterioro de tu vehículo, entre otros posibles contratiempos.

En resumen, diversos acontecimientos pueden acontecer que te impidan cumplir con el itinerario establecido. Y la única acción que se encuentra a tu alcance es aguardar lo impredecible. Quizá desconozcas qué ocurrirá, sin embargo, tienes la capacidad de planificar un acontecimiento imprevisto, sin importar su naturaleza. La acción que debes llevar a cabo, tal y como te he mencionado previamente, consiste en programarlo como una tarea, adjudicándole un intervalo temporal específico.

Se puede lograr esto mediante la incorporación de un margen adicional de tiempo a cada una de las subtareas programadas. De esta manera, en caso de haber planeado dos días para practicar tu presentación, es recomendable asignar tres días. De este modo, en caso de que se presente alguna circunstancia imprevista, dispondrás de tiempo suficiente para cumplir tus responsabilidades de acuerdo con lo planeado.

Una alternativa sería ajustar la fecha límite de la tarea hacia antes. Si la fecha límite para enviar la presentación es el día 16, márquelo en el calendario para el día 10 y trabaje hacia atrás para planificar las tareas restantes a partir de ese día. Esta medida te proporcionará la oportunidad de tenerla preparada anticipadamente en caso de que surja algo imprevisto. Considero que posponer una tarea dos días por cada semana de duración es una medida bastante justificada. Si se requiere entregar una tarea en un plazo de dos semanas, recomiendo programar un tiempo de dos semanas y cuatro días en su calendario.

TEMA 1: PRODUCTIVIDAD LABORAL

En el ámbito laboral, cuando hablamos de productividad nos referimos a la cantidad de trabajo que debes llevar a cabo y a la eficacia con la que logras cumplir con las responsabilidades que se te han asignado. La eficiencia en el trabajo no radica en el mero esfuerzo físico. La falta de herramientas adecuadas limitará en gran medida la productividad de aquellos que intenten cortar un árbol utilizando un martillo, en comparación con aquellos que utilicen un hacha.

Cuando se aborda el tema de la Productividad en el Trabajo, se está haciendo referencia a la búsqueda de la eficiencia máxima en el desempeño laboral, con el fin de optimizar las capacidades individuales y alcanzar los objetivos establecidos, obteniendo como resultado beneficios tangibles. El aumento en la demanda, la penetración de un nuevo mercado o la introducción de un nuevo producto exigirán que la empresa eleve su capacidad productiva, lo cual implicará una mejora progresiva en tu nivel de eficiencia laboral.

Varios de los elementos primordiales para alcanzar la productividad laboral se fundamentan en la disposición de motivación, la adquisición de herramientas adecuadas y la utilización eficaz de los recursos disponibles.

Asimismo, la forma en la que supervises a tu equipo de trabajo resulta de vital importancia, requiriendo un compromiso para fomentar una cultura laboral favorable.

INCREMENTO DE LA EFICIENCIA DE TRABAJO

La expresión en sí, optimización de la eficiencia laboral, implica un intento de la organización por alcanzar los estándares de calidad exigidos por los clientes, dado que incumplir las metas de producción podría comprometer el éxito de la empresa.

Con el fin de solventar esta necesidad, será necesario recurrir al trabajo que profesionales en recursos humanos han gestionado previamente, llegando a una conclusión respaldada por la siguiente fórmula:

MAYOR EFICIENCIA CONDUCE A MAYORES GANANCIAS Y SATISFACCIÓN DEL PERSONAL

Al entender las circunstancias de esta manera, podrás percibir que la eficiencia se incrementa al garantizar un entorno propicio para el equipo, asegurando que tengan a su disposición los recursos necesarios para llevar a cabo sus labores. Además de ello, resulta fundamental que los empleados desempeñen sus labores en un entorno laboral propicio, caracterizado por un clima en el que se sientan cómodos, se les reconozcan sus logros y se les brinde correcciones de manera constructiva cuando se equivoquen. Además, es imperativo que los horarios laborales contemplen las necesidades de todos los trabajadores y se valore su capacidad creativa, de forma que todos los integrantes del equipo puedan establecer una sólida identificación con la empresa en la que prestan sus servicios.

En cambio, si se permite que el nivel de estrés entre los empleados persista, que su cansancio sea notorio, que sufran enfermedades con regularidad y, en última instancia, que todo esto se convierta en un costo más elevado del que se debe asumir debido a esta situación. Tomemos como ejemplo diversas corporaciones de renombre, las cuales consideran como parte integral de su identidad empresarial la implementación de ejercicios motivacionales al inicio de la jornada laboral. Estos ejercicios no solo dotan a los empleados de energía, sino que también contribuyen a incrementar su nivel de productividad.

TEMA 2: COMPONENTES CLAVE PARA MEJORAR LA PRODUCTIVIDAD EN EL LUGAR DE TRABAJO

Para conseguir un aumento en tu eficiencia en el trabajo, debes tomar en cuenta los siguientes factores:

1. INFORMACIÓN.

No debes olvidar que el conocimiento es una herramienta poderosa, y si deseas que tu equipo de trabajo logre mejoras y, por ende, se mejore el producto que se está desarrollando, es necesario asegurarse de que los comunicados y letreros reflejen esta filosofía en su contenido.

Ofrece directrices precisas a los miembros del equipo en relación a la ejecución de las tareas asignadas, brindando una descripción detallada de las mismas, dado que estas instrucciones contribuyen a la disminución del tiempo requerido para comprender y llevar a cabo de manera efectiva las labores designadas.

En este punto, también debes incorporar un cronograma de actividades, de manera que cada colaborador pueda enfocarse en sus responsabilidades y disponer del tiempo necesario para la finalización de su labor. En este calendario se registrarán las actividades programadas para el día.

2. CONTROL DE CALIDAD:

Será necesario establecer un equipo que esté integrado por individuos de diferentes jerarquías dentro de la organización, con el propósito de fomentar de manera conjunta y colaborativa la mejora en la calidad del producto. De este modo, al llevar a cabo una evaluación de manera interdisciplinaria, se implementarán medidas que posibiliten la corrección de lo que está incorrecto. En este sentido, se tiene en cuenta el entorno laboral al incluir iluminación natural, seleccionar colores apropiados y fusionar áreas abiertas. No guarda la misma equivalencia pasar 8 horas dentro de un cubículo, en comparación con la inclusión de áreas espaciosas donde los empleados puedan experimentar una sensación de amplitud y libertad.

El control de calidad también implica la participación de los colaboradores. En este contexto, asegúrese de que las competencias de los empleados sean acordes con sus requisitos y responsabilidades laborales.

Tengo en mente una ocasión en la que se presentaba de manera reiterada una falta de presencia por parte de los empleados debido a motivos de salud en una organización empresarial. Acudían al centro médico y se les otorgaba una baja por incapacidad. Desconozco el método utilizado, pero esta acción se repetía con frecuencia. Se ha decidido enrolar dentro del equipo a un médico de total confianza que será asignado de manera permanente. Resulta comprensible inferir que a partir de aquel instante no se volvieron a registrar ninguna falta sin justificación.

3. REUNIONES PERIÓDICAS:

Convoque regularmente encuentros con los ejecutivos de la organización con el propósito de evaluar el rendimiento empresarial: analice el incumplimiento de los plazos, las deficiencias en la eficiencia y los desperdicios de tiempo. Considerando el punto de vista del colaborador, es importante reconocer que las solicitudes más frecuentes incluyen la carencia de las herramientas requ Todo esto con el pleno reconocimiento de que puedas ejercer tu juicio de forma imparcial.

No obstante, es posible que las reuniones se conviertan en eventos que dificulten la relación laboral o, incluso, resulten en una pérdida de tiempo. Una sugerencia para abordar este temor sería implementar un dispositivo físico o digital donde los usuarios puedan dejar sus comentarios y sugerencias.

4. ITINERARIO PARA ALCANZAR LOS OBJETIVOS:

Establece un enfoque coherente para lograr los objetivos, implementando una planificación y organización efectivas. En caso de que esta acción no se implemente, la productividad de la empresa se verá comprometida. La deficiente calidad de la tecnología, la insuficiente provisión de entrenamiento y respaldo para el personal, la escasez de trabajadores competentes, las remuneraciones inadecuadas y la ausencia de beneficios, tendrán un impacto negativo en la eficiencia laboral, poniendo en peligro el óptimo funcionamiento de la empresa.

Los objetivos adecuadamente establecidos deben ser cuantificables. Así, podrás saber tu nivel de productividad frente a las metas alcanzadas. En otras palabras, al establecer metas, se logrará una mejora en la productividad ya que los empleados se sentirán motivados para cumplir con los objetivos establecidos.

5. Dirige tu atención hacia los colaboradores.

Es importante prestar atención a las inquietudes, puntos de vista y propuestas de mejora que pueda tener, ya que esto constituye un aspecto fundamental para garantizar la calidad de su labor.

Cuando los empleados experimentan presión laboral, esto tendrá un impacto adverso en su nivel de productividad. Organice encuentros de confraternización con los empleados fuera del lugar de trabajo, mediante la realización de actividades deportivas o cenas con el propósito de reducir la presión laboral.

Aprovechar un periodo de descanso propiciará el despeje mental y elevará tu nivel de productividad. En el transcurso de tu horario laboral, es recomendable programar dos breves intervalos de descanso de aproximadamente 15 minutos cada uno; uno a primera hora de la mañana y otro por la tarde. Esto te permitirá retomar tus tareas con renovada energía. Es importante que se gestione adecuadamente esta cuestión a fin de evitar excesos, como el retraso en la producción. Es imprescindible que exista una rendición de cuentas constante, en la que se reconozca la importancia de aprovechar el tiempo de manera eficiente para incrementar la productividad diaria.

En caso de encontrarse en la fase de contratación o selección de personal, es necesario optar por aquellos candidatos que demuestren una inclinación hacia el orden y la higiene. Un entorno laboral ordenado y libre de desorden es sinónimo de mayor seguridad, lo que se traduce en un incremento de la eficiencia y la productividad.

Además, los elementos que distraen generan una disminución en la eficiencia laboral. Aquellas personas que dispongan de conexión a internet, también disponen de acceso a redes sociales y servicios de correo electrónico, los cuales son considerados actualmente como las principales fuentes de distracción. Es recomendable establecer restricciones para este tipo de situaciones.

Desarrolle iniciativas de reconocimiento público para premiar el rendimiento sobresaliente de los empleados. De esta manera, percibirán que son objeto de aprecio y valoración de tu parte y, por ende, experimentarán un incremento en su productividad, lo cual a su vez motivará a sus compañeros para buscar obtener los mismos beneficios.

Incorporar un componente lúdico al entorno laboral, como podría ser brindar a los empleados un pastel de cumpleaños durante su día especial, constituirá una estrategia ampliamente apreciada por todos los miembros del equipo.

Invierte En Formación Laboral

Asignar una porción del presupuesto para la inversión en cursos de actualización y desarrollo de habilidades de liderazgo no será en vano. En cambio, conseguirás que el equipo internalice el éxito de la empresa como su propio éxito.

Cuantas más destrezas posea el personal, mayor capacidad de innovación tendrá la empresa, así como una mayor capacidad de adaptación a la nueva tecnología. Esto se traducirá en una mayor eficiencia en el trabajo, minimizando la posibilidad de cometer errores. Generalmente, demandan menor grado de supervisión, asumen una mayor carga de responsabilidad y exhiben habilidades superiores en comunicación.

Esta perspectiva educativa resulta en un mejora de las capacidades y una mayor remuneración económica, con una reducción significativa en la rotación de empleados.

El pasaje del tiempo dentro de las culturas occidentales y diversas mi

En este momento histórico, dentro de las sociedades occidentales, se presenta una concepción temporal completamente lineal, en la cual se distinguen claramente las dimensiones del pasado, presente y futuro. Dichas sociedades cuentan con mecanismos de medición del tiempo tales como relojes y calendarios. El impacto del reloj ha inducido a las sociedades occidentales a concebir el tiempo como un elemento constante y predecible. En la perspectiva occidental, se reconocen patrones constantes que dividen intervalos de tiempo regularmente.

La confianza en el reloj ha contribuido a que las sociedades modernas desarrollen una percepción mecánica y lineal del tiempo; por lo tanto, nociones como medida, regularidad y precisión son de suma importancia. De acuerdo con la concepción linear del tiempo, este es limitado, precioso e inmutable. De esta forma, se puede ahorrar tiempo, adquirirlo o utilizarlo. El concepto de tiempo, en tanto abstracción, adquiere connotaciones diversas y significados radicalmente distintos en cada cultura. Asuntos históricos y culturales inciden en la manera en que las personas determinan, perciben y calculan el transcurso del tiempo. Diversas culturas experimentan el transcurso del tiempo de formas distintas. En este estudio, nos enfocaremos exclusivamente en la distinción entre el concepto cultural occidental y oriental, y más específicamente en las dos concepciones radicalmente divergentes del tiempo: la concepción lineal y la concepción circular.

En términos generales, las naciones que integran la civilización occidental muestran una gran preocupación por la puntualidad. La vida social y profesional de estos individuos se centra en una medida precisa del tiempo, y las expresiones utilizadas para referirse a dicho recurso son sumamente esclarecedoras.

La última consideración sobre la importancia del tiempo se relaciona con la duración de la ejecución de las tareas, en la cual cuanto menos tiempo se invierta en su realización, mejor será. El tiempo es un factor crucial, y es recomendable maximizar la eficiencia al realizar las tareas, con el fin último de lograr la mayor cantidad de actividades en el menor lapso de tiempo disponible.

En las sociedades occidentales, se distingue un rasgo distintivo del tiempo que va más allá de cualquier connotación mística, adquiriendo la cualidad de ser gestionado de forma sumamente obsesiva y con un añadido de valor económico. En los Estados Unidos, el tiempo equivale a dinero. La circunstancia del paso del tiempo es una experiencia acelerada para el conjunto de los habitantes de Estados Unidos, por lo que se torna imprescindible proceder con diligencia. Los ciudadanos estadounidenses frecuentemente utilizan vocablos como 'perder' o 'ahorrar' en relación al concepto de 'tiempo', ya que lo consideran un recurso invaluable. En Australia, Alemania, Países Bajos, Austria y los países escandinavos, el tiempo dedicado al trabajo se considera productivo y beneficioso.

La población del sur de Europa exhibe una inclinación hacia la multiplicidad de actividades: cuanto mayor sea su capacidad para llevar a cabo múltiples tareas simultáneamente, mayor será su nivel de satisfacción y felicidad. En estas sociedades se tiene la capacidad de manejar el tiempo de manera independiente al horario que indique el reloj. Las reuniones pueden extenderse o acortarse en función del asunto a tratar o de los participantes que estén presentes.

Con respecto a la eficiente administración del tiempo, en Alemania, Japón, Suiza y Finlandia, la puntualidad representa un pilar fundamental de su cultura, y la falta de cumplimiento con los compromisos establecidos se percibe como un acto irrespetuoso.

En el caso de la población francesa, resulta habitual concluir la reunión puntualmente, incluso si no se ha logrado abordar todos los puntos especificados en la agenda. La lógica detrás de esto es bastante simple: mostrar el máximo respeto hacia los interlocutores y su tiempo, especialmente si hay otra reunión programada posteriormente.

www.ingramcontent.com/pod-product-compliance
Lightning Source LLC
Chambersburg PA
CBHW050412120526
44590CB00015B/1937